# 교회도 역시 달라지고 있다

분 도 소 책 71

Bernhard Häring
*ES GEHT AUCH ANDERS*
*Plädoyer für eine neue Umgangsform in der Kirche*
© Verlag Herder, Freiburg i. Br. 1993

Translated by Choi Nan-Gyung
© Benedict Press, Waegwan, Korea 1997

교회도 역시 달라지고 있다
1997 초판
옮긴이: 최난경／펴낸이: 김구인

© 분도출판사(등록: 1962년 5월 7일 · 라15호)
718-800 경북 칠곡군 왜관읍 왜관리 134의 1
편집부: (0545)971-0629
영업부: 〈본사〉 (0545)971-0628 FAX.972-6515
〈서울〉 (02)266-3605 FAX.271-3605
우편대체 계좌 : 700013-31-0542795
국민은행 계좌 : 608-01-0117-906
ISBN 89-419-9716-× 02230
값 3,000원

베른하르트 헤링

# 교회도 역시 달라지고 있다
## 교회 안의 새로운 사귐을 위하여

최난경 옮김

분 도 출 판 사

# 머리말

여든번째 생일을 맞았던 지난해는 내가 작업을 하는 데 매우 분명한 계기가 되어주었다.

1992년초, 범아프리카 신학자 모임의 의장이었던 자르퐁Sarpong 추기경이 고향 본당에서 하게 될 내 생일잔치에 참석하겠다고 알려왔다. 이 잔치를 하기 오래 전부터 이번 기회에 아프리카 교회에서 내가 했던 체험을 설명해 보는 것이 어떻겠느냐는 제의를 받았었다. 그때 나의 책 『주의를 기울여 배웠다: 다른 교회에서의 나의 체험』*Ich habe mit offenen Augen gelernt: Meine Erfahrung mit einer anderen Kirche*이 구체화되었다.

이탈리아 친구들이 내 생일에 나를 파두아Padua의 신학과 전례학 강의에 초청하여 전례의 치유적인 차원에 대해 이야기해 달라고 부탁하였다. 그들은 내가 여기에 특별한 관심을 가지고 있다고 생각했던 모양이다.

뮌헨의 가톨릭 아카데미 하우스에서 잔치를 준비했던 나의 동기생들은 "내가 가장 관심있는 것" — 여기 그리고 오늘의 관점에서 회고해 보는 일종의 유언에 대해 간단히 말해 달라고 부탁했다.

잔치가 끝난 직후 헤르더 출판사의 쥬흘라Suchla 씨가 나의 강의를 더 보완된 형태로 출판하자고 제의해 왔다. 그래서 이혼자들을 더 인간적으로 사목하기 위한 변론인 나의 책『절망적』Ausweglos과 같은 시리즈로 나오게 되었다.

그래서 나는 감히 더 인간적인 교회를 위한 변론도 내놓게 되었다.

나에게 깊이 숙고하도록 격려해 주고 용기를 가지게 해주었으며, 나의 감사와 걱정 그리고 희망을 세상에 내놓도록 해준 모든 분들께 감사드린다.

인Inn 강 옆의 가르스에서, 1993년 7월

베른하르트 헤링

# 차 례

# 3

# "이 사람들이 모두 하나가 되게"

# 4

## 인간적이고 구원받은 교회

# 1

나의 관심사들

그리스도의 남녀 제자들인 우리가 가장 관심을 가지는 것이 무엇이냐는 질문을 받는다면, 우리는 지금 우리의 주님이시며 스승이신 분께 겸손되이 물을 수 있을 것이다. 예수는 무엇에 가장 관심을 기울이셨는가? 예수의 품안에서 쉬고 있던 제자는 우리에게 예수를 가리킨다. 예수가 아버지께로 돌아가시기 전에 십자가의 길 위에서 우리에게 당신의 관심사를 실제로 보여주셨던 것처럼. 우리는 예수께서 우리 죄인들의 발을 씻어주시고 우리를 초대해 주시고 그러한 일을 하신 것에 놀란다. 그분은 섬기고 사랑하는 제자 공동체를 원하신다. 그분은 아버지께로부터 와서 다시 아버지께로 돌아가는 길을 우리에게 보여주시며 당신이 그 길을 걸어가신다. "길을 가리켜 달라"는 부탁에, 예수만이 다음과 같이 말씀하실 수 있다. "나는 길이요 진리요 생명이다"(요한 14.6).

로마 병사의 창에 심장이 찔리시기 전에, 예수님은 우리에게 당신의 마음을 고별사 속에서 그리고 아주 감동적인 방법으로 기도 속에서 드러내신다(요한 13-17장). 그분은 당신의 압바-숨Abba-ATEM 속으로 우리를 끌어당기고자 하신다. 우리는 예수님의 기도의 일부이다. "영원한 생명이란 참되시고 오직 한 분이신 하느님을 알고 또 아버지께서 보내신 예수 그리스도를 아는 것이다"(요한 17.3).

예수와 그 제자들이 가졌던 첫번째의 기본 관심사는 예수의 눈을 통해서 본 아버지에 대한 사랑을 인식하는 것이었다. 우리는 생명 속으로 그리고 예수의 아버지와의 대화 속으로, 또한 부활하신 분, 예수께서 우리에게 전해주신 압바-숨 속에서 아버지와 아들의 상호 인식 속으로 들어갔다.

그것을 토대로 우리는 다음과 같은 마음의 관심사를 체험한다. "아버지, 이 사람들이 모두 하나가 되게 하여 주십시오. 아버지께서 내 안에 계시고 내가 아버지 안에 있는 것과 같이 이 사람들도 우리들 안에 있게 하여 주십시오. 그러면 아버지께서 나를 보내셨다는 것을 세상이 믿게 될 것입니다"(요한 17.21).

이 두 가지의 관심사는 서로 관련이 있다. 나는 치유자Heilssorger와 윤리신학자로서 50년간 활동해 온 것을 회고하면서 이것을 그리고 그보다도 그리스도교의 여기, 오늘의 관점에서 이미 구원받았고 그리고 구원이 필요한 세상에 설명하고자 한다.

교회, 신학과 치유Heilssorge의 서로 분리할 수 없는 세 가지 은사와 과제는 다음과 같다.

① 예수를 알고 사랑하기,

② 그리스도의 숨으로 생기를 얻어 예수의 아버지, 우리 모두의 아버지를 사귀고 사랑하기,

③ 예수와 아버지께 대한 신앙의 빛에서 그리고 아버지와 아들의 사랑의 숨으로 생기를 얻어 인간을 사귀고 사랑하기: 하느님의 숨(영)으로부터 아버지와 아들의 사랑을 함께 완성하는 것을 가능하게 함으로써.

독특한 그리스도교의 신앙은 철저하게 예수의 말씀에서 영감을 얻었다. "나를 보았으면 곧 아버지를 본 것이다"(요한 14,9). 모든 신학 그리고 특별히 윤리신학과 윤리교육학에서는 아버지께서 우리에게 당신 자신의 살아 있는 성상Ikone으로 그리고 길과 진리와 생명으로 보내주신 분, 예수에 대한 올바른 관점이 문제가 된다.

우리가 예수와 함께 그리고 그분의 압바 숨을 신뢰하면서 아버지를 볼 때, 우리는 인간 인식 그리고 예수와 더불어 살기Mitlieben 위한 올바른 주파수Wellenlänge를 발견하게 된다.

독특한 그리스도교 윤리신학은 철저하게 그리스도 중심적인데, 그것도 단순히 의도적인 설명을 통해서가 아니라 전적인 완성과 부단한 배움의 과정에서 이루어진다. 또한 그 과정은 결코 개인적인 것이 아니라 그리스도의 모든 제자들, 자신들을 그리스도께 드리는 아버지의 선물로서 또한 서로를 위한 선물로서 체험한 모든 사람들이 함께 연대하는 연구 모임Lerngemeinschaft의 것이다.

# 1.1 성령론적 그리스도 중심주의

예수의 유언인 압바-기도(요한 17장)는 철저히 영적인데, 아버지와 아들 사이의 사랑의 숨으로 가득 차 있다. 그리고 제자들이 자신들을 개별적으로 또 연대적으로 예수를 위한 아버지의 선물로, 아버지께 드리는 예수의 선물로, 서로를 위한 선물로 생각하는 한, 그들은 바로 이 사랑의 숨 속으로 이끌려 들어간다.

그리스도 중심적일 뿐더러 성령론적인 윤리신학의 모토는 사도들의 열렬한 관심사이다. "여러분은 더 이상 율법의 지배를 받는 것이 아니라 은총의 지배를 받고 있습니다"(로마 6.14). 구원받은 인간성과 이웃과 더불어 사는 인간성Mitmenschlichkeit을 이보다 더 고귀하고 효과적으로 표현한 것이 있을까?

그것은 감사와 찬양의 정신으로 감화를 받았으며 더욱더 받도록 해야 하는 성찬례의 제자 공동체를 전제로 한다. 그 다음에야 도덕적인 기본 태도와 그 기본 태도로 여기에서 그리고 오늘 하느님의 구원계획 및 의지를 더 깊이 이해하려는 부단한 추구에 감화를 받는다. "주님이 나에게 하신 선하신 일에 내가 어떻게 보답할 수 있을까?" 지금 모든 종류의 노예 윤리를 극복하는 일이 일어난다.

그 결과로서 모든 그리스도인들과 그리스도교 공동체들은 성찬례의 **감사하는 기억**을 주의깊게 그리고 지칠 줄 모르고 지키게 된다. 그렇게 함으로써 세상의 모든 공동체들과 모든 지역에서 정규적이고 영이 충만하며 삶에 밀접한 성찬례는 교회 목자들의 주요 관심과 의무가 된다. 이런 관계 속에서 서술적인 그리스도교 윤리와 윤리교육학의 의미가 발생한다. 우리는 개개인으로뿐 아니라 공동체로서 하느님의 구원행위들이 우리의 기억 속에 생생하도록 유지해서, 우리의 온갖 염원과 노력 속에 그리고 우리가 보는 모든 것에 새겨질 수 있도록 해야 한다. 그러고 나서 또한 우리는 우리의 인생사, 기쁨과 희망, 또한 무엇보다도 가난한 사람들의 곤궁함을 우리의 서술적인 윤리와 신앙의 대화 속으로 끌어와야 한다.

## 1.2 예수와 함께 인간을 사귀고 사랑하기

예수는 인간이 무엇인가를 아셨다. 그분은 인간이 심연, 허위, 파멸의 연대성에 얽혀 있음을 꿰뚫어보셨다. 예수는 자기 과시를 하기 위해서 종교와 하느님의 이름을 이용하는 사제와 율법학자들 그리고 다른 사람들의 음흉한 경향에 대해 비난하셨다.

그러나 그분의 인간 인식은 철저하게 치유하고 격려하는 사랑으로 새겨져 있으며, 이는 베드로를 "사탄"이라 부르고, 종교의 남용 때문에 "성전"을 정화해야 했을 때에 더욱더 그러했다. 예수는 우리를 구원이 필요한 존재로만 본 것이 아니라 구원의 능력이 있으며 이웃과 더불어 살아갈 소명을 받은 존재로 보았다. 그분은 당신의 사랑을 감사히 맞아들이고 기쁘게 전하도록 우리의 소명을 일깨워 주었다.

그분은 아직 타고 있는 심지를 끄지 않았다. 그분은 격려하는 데에는 탁월한 대가였다. 그분은 우리의 내적인 능력의 원천을 깨우는 데 능통했다. 예수는 역사적인 주위 환경, 구원의 연대성을 향한 본질적인 능력

안에 있는 인간을 알고 계셨다. 그러나 또한 예수는 구원의 연대성 속에서, 특히 종교의 영역에서 거절당하는 곳 어디서든지 파멸 속으로 빠져들어가는 위태로움 속에 있는 인간도 알고 계셨다.

예수를 아는 사람은 안도의 숨을 내쉴 수 있고, 마비상태에서 일어날 수 있으며, 우정과 복종의 부르심을 기쁘게 받아들일 수 있다. 예수는 인간을 알고 사랑하면서 인간에게로 다가갔다. 곧, 고지식하게 탐구하는 율법학자, 그리고 멸시받는 여자 죄인, 특히 나병환자에게 그리고 그밖에 소외된 인간들에게로 다가갔다.

인간에 대한 그분의 인식은 시대, 공동체, 민족과 종교에 이르기까지 지평의 협소함을 뛰어넘었다. 그분은 시로페니키아 여인과 로마 백부장이 가진 신앙의 자세에 놀라고 기뻐했다. 그분은 유대 동족으로부터 멸시를 받았던 사마리아인에게 모범적이고 구원적인 사랑을 보여주었다.

예수는 베드로의 마음 속을 꿰뚫어보고 그 안에 있는 은총의 역사를 찬양했으나, 그의 불신으로 인한 부인否認에 대해서도 예언하였다. 곧, 예수는 그에게 사탄의 유혹에 대하여 경고하였다. 그러나 그분은 동시에 베드로에게 무한히 신뢰하는 사랑을 먼저 주셨다. 베드로는 회심을 하고 신앙 속에서 형제들을 강하게 할 능력을 가지게 된다.

그러므로 인간에 대한 사랑을 인식하는 것은 윤리신학과 예수의 치유에 참여하는 모든 이들의 관심사이다. 이것은 경건과 예수의 남녀 제자들이 형성하는 가족의 의미가 가지는 문제이다. 그러나 그것은 단순히 마음이 움직이는 것 이상이다. 무엇보다도 인간을 내부 세계에서와 같이 구체적인 역사적·사회적 정황 속에서 알기 위해 우리는 지치지 않고 인문학의 최상의 결과들을 얻을 필요가 있다. 이렇게 하지 않고 가르치려고 하는 사람은 자신이 앉아 있는 어떤 교도직처럼 "도덕주의자"로서 낙인찍히고 거부당할 수도 있다는 것을 각오해야 한다. 나는 몇 번이고 되풀이하여 바티칸의 교령과 관련하여 치유가들과 종교교육학자들에 대해 듣는다. "삶을 지나쳐서, 사람을 지나쳐서"am Leben vorbei, am Menschen vorbei. 다른 시대와 문화 혹은 우리에게 낯선 사고 모델에서 나온 추상적인 공식을 단순히 반복하거나 주입하는 것은 우리가 받은 구원사적인 직무를 배신하는 일이다.

위험을 넘어서기 위해서는 한 가지 실제적인 예로 충분하다. 곧, 혼인에 관한 회칙인 「인간 생명」Humanae

*Vitae*(1968)에서 천 번 정도 반복된 문장을 참조하는 것이다. "결혼의 모든 행위는 생식을 위해 개방되어야 한다." 이것은 오랜 세월 줄곧 혼인 윤리에서 특히 우세한 힘을 떨쳐 온 핵심 문장이다. 그 배후에는 부부간의 성행위는 자체로 부끄럽고 천한 것이라고 강조하던 사고방식이 깔려 있었다. 아우구스티누스는 이를 더욱 엄밀히 표현하였다. 곧, 부부는 부부행위에서 생명의 전달만을 목적으로 삼아야 — 마지못해서라도 그 정도까지 자신들을 낮추어야 — 하는데, 그때 생식을 위한 성행위의 필요성은 조상인 아브라함에 대한 형벌이다. 그래도 이에 비하면 나지우스의 그레고리오, 크리소스토모, 카르토우쎈스의 디오니시오, 리구리의 알퐁소 같은 교부들과 신학자들은 분명히 다르게 생각했다고 할 수 있다. "부부간의 행위는 곧 서로에 대한 헌신의 표현 자체이며 선하고 순결한 것이다." 그리고 이런 시각은 제2차 바티칸 공의회에 이르러서 명백하게 타개될 수 있었다. 우리는 불쾌한 교리의 공식화를 반대편의 역사적인 통찰과 새로운 인식에도 불구하고 아무도 이해하지 못하는 인위적인 해석을 통해 질질 끌고갈 수도 없고 그렇게 해서도 안된다. 여기에서 그리고 다른 많은 시급한 문제들에 대하여 다음의 기본 문장이

적절하다. "새 술은 새 부대에." 인간은 새로 떠오르는 문제에 대한 불안과 고민 속에서 자신에게 알기 쉬운 사고 모델로 대답할 필요가 있다.

교회와 교회의 윤리신학이 시야를 넓혀서 문화의 차이점과 다양성을 보려고 도전한 적은 없었다. 모든 윤리신학자와 윤리교육학자 개개인들은 자신들이 활동하는 공간의 하부 문화Subkultur 그리고 종종 아주 다른 문화의 다양성 속에 복음이 토착화되어야 함을 아주 잘 알아야 한다. 우리가 낡은 사고의 모델 속에서 겨울잠을 자고 있다면 우리는 절대적으로 확실하게 젊은이들과 다음 세대들을 잃게 될 것이다.

새로운 상황은 예를 들어 바티칸의 신앙교리성Glaubenskongregation과 우리의 관계에 대해 근본적인 물음과 도전을 제기한다. 만일 종교재판과 성청Heilige Offizium에서 연유하는 신앙교리성이 교육성과 더불어 윤리신학에 해당하는 모든 문제들에 대하여 공식화와 사고 모델을 획일화하도록 조처해야 한다고 생각한다면, 우리는 유감스럽게도 너무 근심스럽다. 가장 중요한 인문학과 최고의 신학에 정통한 지도자를 윤리신학이 마음대로 할 수 있겠는가? 그리고 최후의 질문: 누가 감독자를 통제하겠는가?

이 문제를 위해서 나에게 반대하여 이루어진 교직 소송을 계기로 나에게 행한 신앙교리성의 표명을 제시한다. 신앙교리성은 1977년 "교회에서 관습의 통일을 보장하는 것"이 교도권의 과제라고 강조했다. 그런 공식화는 도덕성과 "관습"의 대등함을 전제로 하지 않았을 뿐만 아니라 지식사회학, 문화사회학, 윤리 형식들 그리고 관습에 대해 충격적일 정도로 무지함을 드러낸 것이다.

신앙교리성이 고유한 전문 지식의 한계를 인식하고, 자신의 통제벽에 고삐를 죄는 일, 그리고 그리스도교의 윤리학자들의 세계적인 모임들과 열린 대화를 해보는 일은 좋은 것이 아닐까? 40년간 로마에서 겪은 나의 모든 체험의 결과 이런 질문을 제기하게 된다. 일부 교황청 기구들은 결국 진지하게 자신들이 비판적이고 전문적 지식을 가진 윤리학자들을 무조건 배제시키면서 일방적으로 획일주의만을 추구한 게 아니었는가 하는 질문을 스스로 해보아야 하지 않을까?

오늘날 종전보다도 더욱 필요한 것은 서로를 신뢰하고 완전히 개방된 분위기 속에서 이루어지는 세계적이고 교회일치적인 연구 모임이다. 제2차 바티칸 공의회의 「사목헌장」은 이 문제에 대해서 힘차게 선포하고 있다. "양심에 충실함으로써 그리스도교 신자들은 다른 사람들과 결합되어 진리를 추구하고 그 진리를 따라서 개인생활과 사회생활에서 야기되는 여러 가지 윤리 문제들을 해결하게 된다"(「사목헌장」 16항).

계속해서 대화를 거부하고 배우려는 준비가 되어 있지 않은 곳에서 약속받은 성령을 교도권에 끌어다 대는 것은 극도로 위험한 모험이다. 성령은 그가 하고자 하는 곳 어느 곳에서든, 모든 것 속에서 그리고 모든 것을 통하여 작용한다. 억지로 말을 타는 기수보다는 짐 나르는 당나귀 같은 불쌍한 짐승이 동기를 더 잘 알 수 있을 때가 있다. 바로 그리스도교 윤리신학과 신학 전반의 성령론적인 구성 요소들이 모든 이들에게 성령을 통한 계시를 독점하려는 주장을 하지 못하게 한다.

나는 이와 관련하여 독일 가톨릭 중앙위원회의 시급한 실제적인 자료 "대화를 할 것인가, 아니면 거부할 것인가"를 제시하고자 한다. 그것은 아주 새로운 역사적 맥락에서는 진부한 질문들을 순전히 위에서부터 밀어내 버리느냐 혹은 금기시하느냐와는 상관이 없다.

## 1.3 오늘날 윤리신학의 교회일치적 차원

지난 4세기 동안 로마 가톨릭의 윤리신학이 얼마나 많은 구속을 견뎠어야 했는지를, 하느님의 온 백성, 교회의 목자들 그리고 윤리신학자들을 얼마나 바꾸어 놓았는지를 현재의 상황에서 잘 알아야 할 것이다. 로마의 성청도 역시 공동책임이 있다. 로마형의 윤리신학은 온 교회의 공통적인 초기 전통에서 단절되고 동방 정교회와 일부 개혁교회에서 더 강하게 살아남아 있는 가장 고유한 유산과 뚜렷하게 대조되는 입장에 있다.

그러므로 우리들은 교회일치적으로 활동했던 다른 교회 신학자들과 연합하면서 우리로 하여금 성과없고 지긋지긋한 신학적 논쟁을 단순히 유산으로 남기고 진실한 연구 모임을 향해 함께 성장해 나아가도록 재촉한다는 것을 알았다. 우리는 모든 저항에도 불구하고 예수를 좀더 알고 사랑하고자 하며, 예수와 함께 사랑하고 "모든 이들이 하나가 되게 하라"는 예수의 명령에 따르려는 공동의 갈망에서 나온 교회일치적인 그리스도교 윤리를 향해 가는 길에 있다고 말할 수 있음을 하

느님께 감사드린다. 그와 동시에 우리는 다른 그리스
도교 교회와 전통 속의 많은 친구들에게 매우 감사한
다. 우리의 공동체적인 노력이 40년 전에는 그리스도
교의 일치를 막는 난공불락의 장애물이었던 성벽과 울
타리들을 무너뜨렸다.

## 1.4 현재의 난제들

아래와 중간 정도의 수준에서는 그리스도교 윤리학자
들의 교회일치적인 공동작업과 연구 모임이 당연한 것
인 반면, 지금까지 최고위급 수준에서는 공식적으로
교회일치적인 대화를 하는 그리스도교 윤리의 전영역
은 완전히 혹은 거의 완전히 배제당해 왔다. 평화와 갈
등을 해결하려는 방법으로서 비폭력, 이혼자들의 사목
문제, 인구의 폭발과 인구의 돌발적인 파멸과 책임있
는 가족계획과 같은 온 인류에게 중대한 문제들에 관
해 지금까지 세계적으로 교회일치적인 대화가 거의 이
루어지지 않았다. 새로운 『가톨릭 교회 교리서』*Weltkate-
chismus*에는 이와 관련하여 교회일치에 대하여 의식한
흔적을 거의 찾아볼 수 없다.

공식적인 교회일치의 대화가 이러한 문제를 다루어
야만 한다면, 곧바로 교회 내적인 대화에 따른 질문을
하게 된다. 그러므로 공식적인 교회일치 대화에서 단
지 로마가 가진 지금까지의 혹은 현재의 가르치기만
좋아하는 입장을 받아들여야 하는가 아니면 그와 더불

어 신자들, 윤리자들, 사목자들 그리고 특히 주석가들 중 대다수의 확신도 진지하게 고려해야 하는가?

로마가 이 점에서 일치라는 것을 제재와 충성의 맹세로 몰아대면서 필수적이고 불가피한 대화를 누르려고 하는 한, 어떻게 시급하게 교회를 분리시키며 교회와 거리가 먼 문제 전반에 대해 성과있는 교회일치적인 대화를 한다고 생각할 수 있을까? 주교의 임명과 교회 교직에 신학자를 임명하는 것을 엄격히 통제하는 것과 관련있는 바티칸의 정치에 대해 생각코자 한다. 다음으로 나는 광범위한 성서신학의 영역에서 이 시급한 문제를 연구하고자 한다.

이런 점에서 이것은 무엇보다도 교회의 필수적인 쇄신의 문제이다. 더구나, 이것은 오늘날에는 더 이상 오랫동안 무시할 수 없는 외침이며, 그분의 교회와 더불어 구원하시고자 하는 하느님의 계획에 관련된 사고의 철저한 전환을 요구하는 문제이다. 공의회는 가능성이 있는 시작이다. 문제의 배경으로 제시할 수 있는 것은 바로 오랫동안 희망없는 상태를 지속해 온 "로마 유형"의 가톨릭 윤리신학이 바로 바티칸의 교회 이해와 맞아떨어진다는 점이다. 예를 들어 자일러Johann Michael Sailer와 히르셔Johann Baptist Hirscher를 통한 희망에 찬 쇄신의 노력은 로마로부터 심하게 좌절당했다. 그 이유는 교회국가의 권리에 대한 신성화와 함께 교회 최고위층 그리고 그와 더불어 빈 회의 이후 교황권과 복고주의적인 황제 정치 사이에 이루어진 "신성동맹"에서 특별히 두드러지는 세계적인 힘의 정치와 연관된 막강한 유산의 부담 때문이다. 이러한 유산의 부담 밑에서 교회 그리고 바티칸의 교회 이해는 오늘까지 — 오늘날에야말로 특히 더 — 시달리고 있는데, 과거는 겸손하게 쇄신되지 않기 때문이다.

# 2

모든 차원에서의
교회의 시도

우 리는 계시의 빛에 모든 것을 비추어보지 않고는
곧 이 빛 속에서 우리의 역사적인 유산의 부담을
겸손하게 그리고 용기있게 쇄신하려는 완전한 준비 없
이는 여기 그리고 오늘의 시대의 징표를 해석해 낼 수
없다.

네 복음서들은 모두 예수가 물려받은 교회, 그 당시
에 뽐내던 "종교전문가들", 즉 사두가이파들과 일부의
율법학자들, 바리사이파들이 있던 이스라엘에 대해서
도 예수의 제자 자신들, 예수의 교회에 파멸을 꾀하는
유혹의 역사에 대해서도 말하고 있다. 부활을 믿지 않
고 그들의 종교적인 힘을 믿었던 사두가이파들은 의심
할 바 없는 무서운 화신이었다.

예수는 그릇된 메시아 기대의 유혹 속에 부단히 내
맡겨진 제자들의 시도에 대해 분명히 말씀하신다. 우

리는 또한 예수가 가장 나쁜 일을 경험하였던 옛 이스라엘에 대한 언명도 근본적으로 우리 자신의 시도와 교회의 남성 성직자들의 시도라는 관점에서 보아야 한다. 나는 "교회의 남성 성직자들"이라는 말을 심사숙고한 끝에 사용한다. 왜냐하면 전형적으로 종교적인 유혹에 대한 예수의 많은 언명에는 여성들이 절대로 언급되지 않는다는 점이 — 자주 간과되었지만 — 눈에 띄기 때문이다. 복음서들의 비중에 맞추어 우리의 주의를 베드로와 열두 제자들의 유혹에 돌리게 된다. 그때에 예수는 우리에게 곧 오늘의 교회에 어떤 말씀을 하시는가?

## 2.1 예수를 통한 악(유혹)의 폭로

예수가 받은 유혹사화(마태 4.1-11)는 단순한 설명 이상이다. 곧, 그것은 하나의 광대한 사화(미드라쉬)이며 포괄적인 해석의 열쇠이다. 그는 악의 힘과 무능함, 악마의 기만, 종교 영역에서의 구조적인 유혹들을 보여준다. 본래의 악마적인 것이란 하느님의 이름과 종교의 권력을 오용하는 것이다. 예수는 유일무이한 방법으로 특별히 "종교적인" 형태를 취한 유혹을 폭로하고 무력화시켰다.

그것은 모든 작은 구멍을 통해 마음 속으로 파고들어가 내부에서부터 종교를 해쳐서, 정말로 종교가 민중의 아편일 뿐만 아니라 인간에게 독이 될 우려가 있는 유혹에 관한 문제이다.

## 2.2 일용품인 종교

"그리고 예수께서 사십 주야를 단식하시고 나서 몹시 시장하셨다"(마태 4.2). 나는 이것을 체험할 수 있었다. 후두암과 투병하면서 모든 약이 효과가 없어졌을 때, 나는 42일간 단식을 시도했다. 오로지 사탕무즙과 설탕을 넣지 않은 쐐기풀차만으로 연명했다. 그 당시 나는 내적으로 정화를 하고 경우에 따라서는 죽음도 준비했다. 42일이 지난 후에 나는 시장기를 느끼고 보리죽을 먹기 시작하였다. 그러나 분명히 움츠려든 암도 지독하게 굶주린 나머지 음식의 일부를 흡수했을 것이다. 나는 치유를 위해 기도를 드렸으며 그래도 어딘가에 치유를 기대했다. 내 친구의 실망은 나보다도 컸다. 당연히 묻게 된다. "왜 모든 기원祈願이 소용이 없는가", 건강이나 생명과 같은 우리의 간청이 받아들여지지 않든지 아니면 겉으로 보기에 받아들여지지 않는 것 같든가 하면 우리는 신앙에 실패하고 말 것인가?

유혹자가 예수께로 가까이 다가와서는 말했다: "당신이 하느님의 아들이거든 이 돌을 빵이 되라고 하시오." 사탄의 유혹은 대단한 제안이었다: "당신이 하느님의 아들이거든." 예수는 그것이 자기 사명을 증명해야 하는 문제임을 알았다. 그러나 이는 쉽게 기적을 보여주는 것이 아니라 전혀 다른 종류의 기적, 곧 고통을 받을 준비가 되어 있으며 인류에게 구원의 길과 대자대비하신 아버지의 참된 얼굴을 계시해야만 하는 사랑이 문제가 되는 상황이었다. 더 어려운 길. 빵의 기적은 잘못된 지름길이며 실로 배신이었다.

"그리고 그가 대답하였다. 사람이 빵으로만 사는 것이 아니라 하느님의 입에서 나오는 모든 말씀으로 살리라고 성서에 씌어 있지 않느냐?"(마태 4.4). 예수는 세례 때에 들었던 단 한 번의 그 위대한 말씀 때문에 광야에서 살았다. "이는 내 사랑하는 아들, 내 마음에 드는 아들이다"(마태 3.17). 그것은 제2 이사야, 즉 70인역의 그리스어 본문에 따른 네 개의 야훼의 종의 노래 중 첫째 노래의 첫 구절이다(이사 42.1). 그것은 그가 아버지로부터 위임받은 계시의 계획과 관련된 문제이다. 그런 이유에서 그는 살았고, 그분의 십자가에서의 최후의 압바ABBA 호흡에 힘을 모았다.

네 개의 야훼의 종의 노래는 자신의 목적을 위해 종교를 날조한 모든 인간에게 엄밀히 말해 반대하고 있다. 그 노래들은 위로부터의 아주 분명한 말씀이다. 그 노래들 속에서는 하느님의 구원계획이 문제가 되며, 아주 유일한 방법으로 인간, 모든 인간, 치유하고 해방하는 원수 사랑Entfeindungsliebe이라는 인류의 포괄적인 소명이 문제가 된다. 거기에서는 우리의 빵 걱정, 우리의 배고픔, 우리의 질병의 문제가 근본적으로 다시 조정된다. 이 영역에서 가난한 사람들의 빵 걱정에 새로운 빛줄기가 비추인다. 야훼의 종으로부터 빵과 현세의 모든 선물들은 그분의 모든 자녀들을 위한 하느님의 선물이 된다. 우리는 편협하고 우리에게만 해당되는 빵 걱정에서 부분적으로나마 해방된다. "나의 빵" 걱정을 하느님의 구원계획에 대한 걱정 뒤로 미룬다면, 그 빵은 돌연 근사한 선물이 된다.

네 개의 야훼의 종의 노래의 빛에서, 아버지가 인정하신 메시아의 진실한 소명의 빛에서 하느님으로로부터 생겨난 모든 것으로 인해 해방하는 변화가 시작된다. 그리고 우리가 성서의 많은 말씀을 이 빛에서 깊이 생각한다면 우리에게 가까워질 것이고, 그렇지 않다면 희미하게 남아 있을 것이다.

## 2.3 성화<sup>聖化</sup>된 자기 과시

"이어서 악마는 예수를 거룩한 도시로 데려가서 성전 꼭대기에 세우고는 말했다. '당신이 하느님의 아들이거든 뛰어내려 보시오.' 성서에 씌어 있기를 '하느님이 천사들을 시켜 너를 시중들게 하시리니 그들이 손으로 너를 받들어 너의 발이 돌에 부딪히지 않게 하시리라.'" 이 유혹은 아주 종교적으로 진행되고 있다. "거룩한 도시", "성전", 하느님의 아들됨, 수호천사. 유혹은 바로 이렇게 악마적이다. 곧, 경건한 금언에 대한 자기 과시, 거룩한 장소에 대한 자기 과시인 것이다.

종교 전문가들의 바로 이런 자기 과시를 예수는 철저하게 폭로했다. 곧, 장엄한 복장, 경패<sup>經牌</sup>(구약성서의 문구를 넣는 작은 상자), 경건의 과시를. 보이는 데서 기도하고, 더욱이 성전에서 "하느님 감사합니다. 저는 다른 사람들과는 달리 …"(루가 18.11)라고 기도하면서 하느님 앞에 서마저 자기를 과시하는 것을. 보편적인 사랑의 명령에 비하면 가장 작은 점에 불과한 모세의 율법과 법의 공정성을 무지몽매하게 과시하고 뽐내는 일, 비유대인에 대한 멸시, 타인들, 곧 "불결한 사람들" 나병환자들, 죄인들을 다방면에서 배제하기, 독선적인 기준들. 예수는 날카로운 말씀을 통해서뿐만 아니라 모범, 곧 그분의 경건함이 가진 수정처럼 맑은 순수함을 통해서 그것을 모두 폭로하였다.

아버지께서 철부지 어린아이들에게는 나타내보이시고, 똑똑한 사람들과 현명하고 학식이 있다고 여겨지는 종교 전문가들에게는 감추신다는(루가 10,21-22 참조) 예수의 환호는 매우 분명한 폭로이다.

그분은 소박하게 자신을 "사람의 아들"이라 불렀으며, 이는 "너희들 가운데 하나"로 가장 잘 번역된다. 그분은 자기를 아버지 혹은 랍비로 부르지 못하게 하셨다. 그 속에는 실제로 진리의 눈으로 볼 때, 우리에게는 오직 한 분의 아버지, 하느님, 한 분의 스승만이 계시다는 사실을 숨기려는 자기 과시가 의도적으로 숨어 있다. 우리에게 자기 과시만큼 다른 그 무엇도 하느님과 하느님의 비밀을 가리우지 못한다. 위대한 인문학자인 매슬로우Abraham Maslow가 종교 전문가들 중의 몇 안 되는 사람들만이 순수한 최고 경험peak-experience을 했다고 생각한 것은 의미가 있다(*Religions, Values and Peak-Experiences*).

　구세주회의 창설자이며 위대한 신비가인 크로스타로
자 수녀Sr. Celeste Crostarosa는 관상중에 그 말을 들었다.
"하느님의 숭고함을 모방해도 되거나 모방해야 한다고
생각하는 사람들은 모두 매우 잘못 생각한 것이다. 나
는 겸손함이며, 나의 겸손함을 만나는 지점은 너희가
무Nichts를 경험할 때이다. 거기에서 나는 너희를 내게
로 부른다." 권세를 휘두르는 주교가 그녀를 내쫓는 기
적은 없었다. 종교적 형식을 통해 자기 과시에 굴종하
는 사람에게는 하느님의 비밀을 체험하는 것이 감추어
져 있다. 그는 단지 형식적 신학자, 빈 형식과 싸우는
검투사가 될 것이다.

　이에 대한 치료약이 있다: "예수는 그(유혹자)에게 말
씀하셨다. '주님이신 너희 하느님을 떠보지 말라' 는 말
씀도 성서에 있다"(마태 4.7). 자기 과시를 통해 하느님의
이름에 도발하는 것은 우리의 신앙과 우리의 구원 사
명Heilssendung에 그야말로 치명적이라는 것을 예수의 말
씀과 모범을 통해 분명히해야만 한다.

## 2.4 권력을 섬기는 교회

"악마는 다시 아주 높은 산으로 예수를 데리고 가서 세상의 모든 나라와 그 화려한 모습을 보여주며 그에게 말했다. '당신이 내 앞에 무릎을 꿇고 나에게 충성을 맹세한다면 이 모든 것을 당신에게 주겠소.'"

이는 파멸로 끌고들어가는 악마의 파렴치하기 짝이 없는 유혹, 가공할 속임수이다. 하느님의 이름, 종교의 표상과 지위를 붙잡는 것은 그것으로 다른 권력을 얻기 위해서이다. 파멸로 끌어들이는 이 사탄의 유혹은 예를 들어 이스라엘에서 왜곡된 메시아 기대 — 이스라엘과 그 당시 지도자에 대한 자기 과시로서의 메시아 — 에서 드러났다.

남아프리카가 아파르트헤이드Apartheid(남아프리카 공화국의 인종차별 정책)의 망상에 악랄하게 사로잡혀 있을 때 거기서 두 달간 활동하는 동안, 나는 말하자면 예수의 큰 괴로움이었던 그 그릇된 메시아 기대의 현대판現代版을 경험했다. 인간은 다른 그룹을 배척하고, 업신여기고, 착취하기 위해서 하느님의 선택을 기회로 삼았다. 나는 이런 생각을 자주 하였다. 하느님의 이름에 대한 이런 남용과 하느님으로부터 선택받았다는 소명감은 하느님의 존재를 무조건 무시하려는 무신론자보다도 더 종교와 하느님께 해를 끼친 커다란 수치가 아닌가? 우리는 이제 모든 종교 그리고 특히 그리스도교의 전 역사를 이 왜곡이라는 관점에서 관통할 수 있다. 나는 무엇보다도 라틴아메리카 정복의 역사를 생각한다. 라스 까사스Las Casas는 정복자가 토착 부족의 커다란 구역을 에워싸고는 몰이사냥을 했으며 이어서 숲에 불을 지르고 "신성하신 구세주와 열두 사도의 영광을 위해서"라는 한 고위 성직자의 무서운 축복과 함께 저항하는 인디오들을 화형에 처했다고 보고했다. 인디오들은 세례받기를 거절했다. 왜냐하면 세례를 받음으로써 정복당하고 부역을 해야 했기 때문이다.

권력, 즉 노예화와 착취를 섬기는 종교란 악마의 유혹, 악마의 기만이다. 나는 파멸로 무섭게 끌고들어가는 악마의 거짓말이 마침내 예수, 비폭력적인 야훼의 종을 통하여 폭로되었다는 슈바거Raymund Schwager(그의 책 참

조: *Jesus im Heilsdrama. Entwurf einer biblischen Erlösungslehre*, Innsbruck,

1990: *Dem Netz des Jägers entronnen. Das Jesusdrama nacherzählt*, München,

1991)의 의견에 동의한다. 그분을 고통받을 준비가 되어

있는 메시아, 치유하는 원수 사랑의 화신, 야훼의 종으로 믿고 그렇게 사는 사람들에게 악마는 하늘에서 던져진 힘없는 번개 같은 것이다(참조: „Der vom Himmel gefallene Satan. Wer oder was ist der Teufel?": *Theologie der Gegenwart* 35, 1992, 255-64).

## 2.5 성전 정화

나는 성전 정화에서 종교의 악마적인 거짓말을 폭로하며 해석하는 데 결정적인 열쇠를 본다. 그 당시 종교 지도자를 통해 이루어진 종교의 타락, 선민의식의 왜곡, 그리고 당시의 종교 지도자를 통한 왜곡된 메시아 기대에 반대해 꾸짖는 예수의 모든 말씀들을 성전 정화에서부터 새롭게 숙고할 수 있다. 매력적인 종교 지도자의 "종교사업"에 너무나 많은 사람들이 끌려들어 갔으며 그 중 많은 사람들은 비겁함과 인간적인 두려움 때문에 끌려들어갔다. 하느님을 공경하는 사랑스러운 상징인 성전은 그때문에 더럽혀지고 본래의 목적에서 벗어났다. 그에 반대하여 신앙의 순수함 속에 예수 자신은 그분의 육체를 더 새로운 성전으로 세우셨다. 그분은 성전을 둘러싼 종교의 적대적인 싸움을 끝장내고 영적으로 참되게 예배드리는 분이며, 아버지께서도 그분을 찬양하신다. "그러나 진실하게 예배드리는 사람들이 영적으로 참되게 아버지께 예배를 드리게 될 때가 올 터인데 바로 지금이 그때이다. 아버지께서는 이렇게 예배하는 사람들을 찾고 계시다"(요한 4,23).

종종 성전 정화는 우리에게 평화의 길과 진실한 예배의 길을 열어 보여주신, 비폭력적 야훼의 종인 예수에 대한 관점에서 구원을 해석하는 데 반대되는 논거로 제시된 바 있다. 그러나 실제로 성전 정화는 중심적인 상징이다. 여기서 — 항상 예수의 수난과 부활의 조망 속에서 — 빛나며 해방하는 진리의 능력과 비폭력적인 구원의 능력이 단 한 번 계시된다. 이에 대해 "성서에 '내 집은 기도하는 집이라고 불리리라'고 했는데 너희는 이 집을 '강도의 소굴'로 만들었다"는 예수의 폭로하는 말씀과 거기에 직접적으로 따라 나오는 "예수께서는 성전 뜰 안에 있던 소경들과 절름발이들이 앞으로 나오자 그들을 모두 고쳐주셨다"(마태 21,13-14)는 예수의 행동이 열쇠가 된다. 건강하게 만들고, 깨어진 관계를 다시 치유하고, 하느님과 진리에 대한 몽매함을 깨우치고, 평화의 길을 절뚝거리지 않고 성큼성큼 걸어가게 하는 신앙은 권력을 섬기는 그릇된 종교의 정체를 폭로하는 성전 정화를 전제로 한다. 그것은 구원과 치유의 문제이다.

나는 오늘날 악마의 거짓말에 대한 승리의 의미를 주장하는 선도적인 주석가들과 교의학자들의 해석에서 온 교회는 말할 것도 없이 온 신학에 대하여 해오는 엄청난 도전을 보게 된다. 교회가 비폭력적인 야훼의 종을 진실로 따름으로써, 물려받은 종교가 보여준 악마적인 기만을 폭로할 때에, 교회는 진정으로 그리고 훌륭하게 구원과 치유의 성사가 될 수 있다.

네 복음서에 따르면 서로 모순되는 양상을 보이는 두 가지 메시아 기대 사이에 심각한 갈등이 예수의 구원의 드라마, 수난 그리고 부활과 구원선포의 핵심에 속한다는 사실을 간과할 수 없다. "우리"(신학자들과 교회 지도자들)가 이 역동적인 관점을 피한다는 것은 교회사의 비극 가운데 하나다. 교회의 미래, 정말로 종교의 미래는 결국 우리가 이 문제를 솔직하고 용기있게 제기하는 데에 달려 있다.

## 2.6 "사탄아 물러가라"<sub></sub>(마태 16,23)

현 교황 요한 바오로 2세의 임명을 축하하는 자리에서 "너는 베드로다"라는 말씀뿐만 아니라 그릇된 메시아 기대에 대한 악마의 유혹 앞에서 베드로가 경고를 받은 구절까지 읽혀졌을 때(또는 노래로 불려졌을 때), 나는 교회사와 교황사의 미래를 크게 신뢰하게 되었다. 우리는 자주 "너는 베드로, 너는 반석이다"라는 말에 너무도 일방적으로 그리고 의기양양하게 빠져들었고 거기에 의지했다. 그러나 우리는 이 두 구절을 그의 극적인 긴장 속에서 이해하고 고려해야 한다.

예수는 아버지께서 베드로로 하여금 메시아의 아들 됨Sohnschaft을 고백하게 하심을 찬미한다. 이어서 뜻밖의 함구령緘口令이 따라 나온다: "그러고 나서 예수께서는 자신이 그리스도라는 것을 아무에게도 말하지 말라고 단단히 당부하셨다"(마태 16,20). 다음의 본문이 설명을 해준다 ― 그리고 이것은 교회의 생명과 그리스도의 사명을 위해 대단히 중요하다: "그때부터 예수는 제자들에게 자신이 반드시 예루살렘에 올라가 원로들과 대

사제들과 율법학자들에게 많은 고난을 받고 그들의 손에 죽었다가 사흘 만에 다시 살아날 것임을 알려주셨다"(마태 16.21). 그것은 우리가 철저하게 야훼의 종에 대한 신앙을 고백할 때 비로소 제자들인 우리 모두가 "당신은 살아 계신 하느님의 아들 그리스도이십니다"는 베드로의 고백을 말로 전하고, 이야기하고, 확실하게 선포할 수 있음을 분명히 암시한다. 우리가 그렇게 하지 않는 한, 우리는 그리스도를 실제로 "알 수 없거나" 혹은 우리가 비록 다른 사람들에게 우리의 신앙에 대해 말하고 고백한다 할지라도 확실하지 않거나 그다지 도움이 되지 않을 것이다.

베드로는 예수가 제2 이사야가 네 개의 야훼의 종의 노래에서 그리는 대로의 메시아라는 생각에 반대하여 믿기 어려울 정도로 완고하게 반항한다. 더욱이 그는 예수께 이런 "생각"을 감히 전하려고 한다: "그때에 베드로는 예수를 붙들고 '주님, 안됩니다. 결코 그런 일이 있어서는 안됩니다' 하고 말리었다"(마태 16.22). 우리가 이 본문을 베드로의 동정심으로 해석한다면 우리는 그 본문의 의미를 무시한 것이다. 여기에는 동정심도 들어 있을 수 있다. 그러나 골자는 엄연히 참된 메시아 기대를 완강하게 거부하는 것이다.

세 공관복음서들은 모두 세례 때에 예수가 하늘의 소리를 들었다는 것을 강조하고 있다. "너는 내가 사랑하는 아들, 내 마음에 드는 아들이다." 그것은 의심할 바 없이 전체로 읽어야 하는 네 개의 야훼의 종의 노래의 첫째 구절이다. 요한 복음에는 네번째 야훼의 종에 대한 분명한 암시, "희생으로 바쳐지고 입을 열지 않는 어린양"(요한 1, 36 참조)이 나온다.

유대교의 일부 고위 성직자들이 안식일에 행한 예수의 치유행위를 보고 그를 없애기로 결정했을 때(마태 12, 14), 복음사가는 예수의 치유행위를 강조하며(12, 15) 예정된 첫번째 야훼의 종의 노래의 관점에서 지적하고 있다: "보라, 내가 택한 나의 종, 내 사랑하는 사람, 내 마음에 드는 사람, 그에게 성령을 부어주리니 … 그는 다투지도 않고 큰 소리도 내지 않으리니"(마태 12, 18-19). 진실한 메시아상에 대한 이 가르침은 특히 그릇된 메시아 기대가 여전히 존재하고 있던 당시에 예수의 치유기적에 대한 함구령을 전제로 하고 있다.

예수의 변모Verklärung에 대해서도 이러한 지적을 분명히하고 있다. 선택받은 세 명의 제자들은 하늘의 소리를 듣는다. 그것은 다시금 첫번째 야훼의 종의 노래의 첫 구절이며 이어서 장엄한 권유가 따라 나온다. "너희는 그의 말을 들으라!"(마태 17.5). 이번에도 예수는 제자들에게 그것에 대해 말하지 못하게 한다: "사람의 아들이 죽었다가 다시 살아날 때까지는 지금 본 것을 아무에게도 말하지 말아라"(마태 17.9). 겸손한 메시아, "사람의 아들"에 대한 근본적인 신앙이 사도들의 마음에 뿌리박혔을 때에야 비로소 그들은 그를 진실한 메시아로 선포할 수 있었다.

신앙심 깊은 여성들이 부활을 전한 첫번째 사람들이었다는 것은 이 관점에서 보면 놀라운 일이 아니다. 많은 여성들이 예수를 고난받는 야훼의 종으로 알고 십자가의 길을 따라갔으며 십자가에서 멀지 않은 곳에 서 있었기 때문이다. 제자의 무리 가운데 십자가 아래 서 있던 유일한 사람인 요한은 사도들 중 첫번째로 불리었으며, 부활을 믿었다. 그것은 부활의 문제이며, 그것은 복음을 전하고 치유하라는 직무를 성취하기 위한 절대적인 전제로서 야훼의 종을 증명하는 문제이다. 구원과 치유는 이런 관점에서 통합된다. 우리는 악마의 기만으로부터, 종교의 비틀림에서 해방되어야 하며, 신앙 속에서 구원과 치유를 경험하고 선포해야 한다. 이는 아무리 강조하고 설명해도 충분하지 않다.

## 2.7 "네가 다시 돌아오거든
형제들에게 힘이 되어 다오"

악마의 현혹과 종교의 소외로부터의 해방과 치유가 최후 만찬의 중심 테마이다. 이것은 고난받을 준비가 되어 있는 겸손한 야훼의 종의 신앙으로 중심을 모으는 포괄적인 의미이다. 베드로는 예수께서 자기 발을 씻지 못하시게 했다. 그는 정작 예수를 제2 이사야의 야훼의 종으로 알지 못했다. 그는 오직 이 신앙의 힘이 메시아와 관계있음을 알아야 했다. 베드로는 예수의 진정한 사명에 대해서도 똑같이 알지 못했기 때문에 칼을 집어들었다. 구원의 드라마를 얼마간 예지하자면, 그리고 핵심 — 야훼의 종에 대한 신앙 — 을 파악하자면 악마의 속임수로 인해 파멸로 끌려들어가는 것을 폭로라도 해야 했다. "시몬아, 시몬아, 들어라. 사탄이 이제는 키로 밀을 까불듯이 너희를 제멋대로 다루게 되었다. 그러나 나는 네가 믿음을 잃지 않도록 기도하였다. 그러니 네가 나에게 다시 돌아오거든 형제들에게 힘이 되어 다오"(루가 22,31-32).

그것은 바로 베드로에게 근본적인 사고의 전환, 회심의 문제이며, 진정한 메시아, 겸손하고 비폭력적이며 고난받을 준비가 되어 있는 야훼의 종, 우리의 무거운 짐을 져주고, 우리에게 원수 사랑의 길, 평화의 길을 가르쳐주고 열어준 이를 향해 완전히 방향을 바꾸는 문제이다.

그리고 베드로의 중심 과제는 무엇인가. 그야말로 그에게 너무나 어렵고, 정말로 거의 불가능해 보이는 이 신앙을 그의 자매, 형제들에게 굳건하게 하라는 것이다. 이제 그것이 베드로의 삶, 무엇보다도 교회를 위한 베드로직에 영향을 끼치게 되었다. 우리는 그것에 대해 충분히 생각해 보았는가?

교회의 위기, 신앙의 위기는 말할 것도 없고 교회의 역사가 이 관점 아래 그리고 이 심판 아래서 놓여 있다. 유혹사화, 성전 정화, 그리고 베드로 드라마의 그렇게 상세한 설명과는 일련의 관계가 있다. 그 모든 것은 우리와 관계가 있긴 하지만, 절박하게도 베드로직을 소유한 이만의 문제이다.

앞에서 설명한 사화와 성전 정화에서 정점을 이루는 것 같은 신학적인 유혹의 드라마를 전통적인 윤리신학 논문에서, 보편적인 교의신학 서적들에서 무시했다는 사실에 우리는 놀라지 않을 수 없다. 거기서는 성서가 가진 예언자적 역동성의 흔적을 찾아볼 수 없다.

### 2.7.1 "나는 그 사람을 알지 못하오"(마태 26,72.74)

아버지를 참되게 아는 데 전제가 되는 예수의 사랑을 인식하는 것은 "영원한 생명"(요한 17,3), 구원의 총체이다. 거기에는 역시 구원과 구원의 선포에 대한 핵심적 증언이 들어 있다. 의미가 상당히 희석된 독일어 단어 뒤에 있는 안다는 뜻의 히브리 말 *jadac*은 생명을 주는 사랑을 인식하는 것을 의미한다. 그것은 또한 생명을 전하는 사랑의 행위를 함으로써 부부가 서로 알게 되는 것을 의미한다. 마태오 복음에 의하면 베드로는 사람의 아들인 예수의 이런 인식방법을 이해하는 데 실패한다. 그리고 고집스럽게 마음을 닫고서 겸손하고 고난받을 준비가 되어 있는 이런 메시아를 "알려고" 하지 않는 베드로는 "사탄아!" 하고 경고를 받는다. 그렇기 때문에 사람의 아들인 예수의 인식방법으로 바꾸는 것은 예수가 탄원한 "회심"Umkehr의 중심에 있다.

그렇기 때문에 마태오가 부인否認 사건에서 이 점을 언급한 점은 놀랍지 않다. 이것이 두 번 강조된다. "베드로는 맹세까지 하면서 '나는 그 사람을 알지 못하오' 하고 다시 부인하였다"(마태 26.72). "베드로는 거짓말이라면 천벌이라도 받겠다고 맹세하면서 '나는 그 사람을 알지 못하오' 하고 잡아 떼었다"(마태 26.74).

마태오 복음 16장과 다른 많은 부분을 보면, "예수는 메시아이며 그리스도이시다"라는 구원선포가 "사람의 아들에 대한 앎"을 전제로 한다는 점이 분명하다. 그와 동시에 이런 "앎"이 베드로의 "회심"의 핵심이라는 점도 분명하다. 형식적인 신앙 속에서 그저 이론적으로 아는 것만으로는 정말로 충분하지 않다. 삶 전체를 변화시키고, 본래의 생명, "영원한 생명"이 들어오도록 하는 앎이다. 베드로직의 확실성이 이런 인식을 향하여 존재론적으로 회심하는 데에 달려 있으며, 베드로직의 소유자와 그의 모든 협력자들이 이런 인식을 해야만 한다는 결론을 우리가 부인할 수 있을까?

"교황직"을 포함하여 명예스러운 지위에 오르려는 노력이 교회사에서 얼마나 자주 신앙의 태도와 신앙의 증언이 가진 순수성을 — 곧바로 반대 방향으로 바꾸어 놓지 못할 때에는 — 방해해 왔던가. 성스러워진 자기 과시와 제멋대로의 권력 행사는 구원의 메시지는 물론 치유하라고 사명을 받은 것에도 정반대되는 것이다. 베드로의 후계자와 그의 가장 친밀한 협력자가 계시되지도 않았고 아버지로부터 찬미를 받은 사람의 아들에 대한 신앙의 핵심에도 분명히 속하지 않는 가르침 속에서 꼼짝하지 못하는 곳에서는 구원과 치유가 위태로워진다. 그리고 그만큼 더 위험한 것은 그들의 "지배양식"이 소명받은 직무의 특성을 배신했을 때이다. 아무튼 베드로가 들은 것은 우리 모두가 들은 것이다. 우리는 구원의 연대성 속으로 완전히 들어가든가 아니면 파멸의 연대성에 얽혀 들어가게 된다.

구원과 구원의 연대성에 대한 신앙의 가르침은 무엇보다도 "야훼의 종"과 "사람의 아들"인 예수의 자기 이해에 집중되어 있으므로 이 차원을 알려고 하지 않는다Nicht-kennen-Wollen거나 무시하는 것은 특히 위험하다. 우리는 "평화의 길"을 저지하고 세상을 향해 참된 메시아에 대한 치유의 증언을 하기를 단념하였다. 사람의 아들에 대한 성서적 이해에 관해 말한다면, 전 그리스도교를 전제로 해야만 하고 전제토록 해야 한다.

우리가 부차적인 데다 증명되지도 않은 교리와 금령들을 머릿속에 끊임없이 주입하고 그래서 우리가 핵심적인 신앙과 삶에 가까운 증언에 주의를 기울이지 않는다면, 우리는 우리 형제 자매들의 신앙과 신앙의 기뿜을 강건하게 하지 못할 것이다. 그것은 모든 이에게 특히 베드로직의 소유자와 그의 모든 협력자들에게 절실한 문제이다. 로마의 주교와 모든 주교들과 모든 신학자들이 이 점에서 이 핵심적인 신앙을 체현한 여자들과 남자들에게 겸손하게 배운다면, 교회는, 전 그리스도교는 어떤 위대한 미래를 맞이하게 될까? 이 베드로직은 가톨릭 교회에 결정적인 문제이다. 그러나 교회는 베드로의 중대한 부인 때문에 그를 경멸하지도 않고 번민의 고통 속에 내버려 두지도 않았던 요한의 봉사와 증언을 필요로 하였다. 두 사람은 막달라 마리아의 소식을 듣고 빈 무덤으로 달려가기 시작했다. 요한이 베드로보다 빨랐다. 십자가 밑에서 참고 견디었던 제자의 부활신앙이 가장 먼저 빛을 발하였다. 그러나 그는 베드로가 "회심"을 하는 데 격려를 하고 버팀목이 되어주었다.

## 2.8 세 가지 유혹과 세 가지 회심의 영역

종교를 변질시키려는 악마의 유혹에 맞서는 예수의 유
혹사화들과 기도를 근거로 한 나의 몇 가지 사고가 교
회에, 우리 모두에게, 그리고 또한 바티칸에 도움이 되
길 바란다. 상처를 치유하기 위해서는 우선 아파야 하
고, 그 상처를 드러내야 한다.

### 2.8.1 이익을 추구하는 종교

종교성을 뒤틀리게 강조하고 특별히 세 가지 종교
유혹 중 첫째에 해당하는 본보기는 "오푸스 데이"Opus
Dei이다. 그것은 큰 이익을 추구하는 종교를 목표로 삼
고 있다. 소위 종말적인 계시의 가장 깊은 비밀을 비밀
스럽게 축성하고 봉헌함으로써 "오푸스 데이"는 기부
를 많이 받고 엄청난 유산도 상속하게 되었다.

"오푸스 데이"는 보이는 것과는 달리 분명하게 매우
많은 차이가 있다. "오푸스 데이"에는 순수하게 종교적
인 힘과 관심사만이 작용한다. 그러나 사업의 내부에
서는 가난한 사람들을 위해 자선가들을 모아들인다는

원칙 아래 세력가들 그리고 부자들과 손을 잡으려는 경향을 보인다. 더욱이 그들은 자선가로서 교회의 목표와 가난한 사람들에 대해 커져가는 자신들의 영향력을 다져가고 있다. 여기에서 우리는 교회가 항상 빠져왔으며 지금 현재도 빠져 있는 가장 커다란 위험에 오랫동안 눈이 멀어 있는 듯하다. 곧, 부자들과 손을 잡으면서 가난한 사람들에게 감사하는 마음으로 자선가들에 대해 가난과 부 사이의 불균형이 마치 하느님이 본래 의도하신 일인 것같이, 그리고 자선이 몇 방울씩이라도 떨어지고 있는 한, "기존 질서"에 순종하게 하는 것과 같이 그릇된 의식을 심어주려는 — 파국의 무질서와 관련있는 — 위험이다. 그런 잘못된 의식이 주교들을 궁전에서 잠자게 하고, 교회에서 그리스도교의 진정한 책임윤리가 성장하는 것보다는 엄격한 복종에 더 주의를 많이 기울이게 하고 "좋았던 옛 질서"를 교회에서 시작하려는 회복의 시도를 타락하게 만든다.

나는 오늘날 모든 형태의 "이익을 추구하는 종교"와 그쪽에서 생기는 "악마"의 기만과 유혹을 — 그리스도의 모범에 따라 치유하는 역동성으로 — 폭로하는 일이 무엇보다도 절박하다고 생각한다. 그것은 기만의 모든 속임수 뒤에 악마의 화신이 서 있는지 아닌지의 문제를 해결하는 일보다도 훨씬 중요하다. 우리가 원인을 악마의 화신에게, 마녀의 화신에게 돌리는 한, 여전히 파멸에 빠져들어갈 뿐만 아니라 더 확고해질 수 있다. 이럴 때 나는 과연 그리고 어떻게 파멸에 얽혀들어가는 이 소름끼치는 일이 우리의 작은 지구의 한계를 넘어서는 차원을 가질 수 있을까 하는 문제에 눈을 돌릴 수가 없다.

나는 혹시나 우리가 "오푸스 데이"를 속죄양으로 만들려고 한다는 오해를 받고 싶지 않다. "오푸스 데이"는 부와 권력과의 관계에서 우리 모두가 어떤 점에서 비슷하게 고통받고 있는 유산의 짐 때문에 고통을 당하고 있다. "오푸스 데이"가 이 유산의 짐을 볼 눈이 있고, 복음의 관점에서 극복할 능력이 있다면, 교회의 진정한 쇄신을 위해 공헌할 수 있을 것이다. 저항력이 없는 이 허약함이 우리 모두에게 양심성찰을 위한 중대한 기회가 되어야 한다.

"이익을 추구하는 종교"라는 개념에는 "죽은 손", 즉 교회의 재산을 축적하고 증식하려는 현상이 속한다. 이 현상은 나폴레옹 치하의 세속화와 교회국가들의 해체를 통하여 확실한 종말을 맞았다. 그러나 우리는 사소한 곳에서 이와 관련된 유혹을 늘 이기지 못한다.

"이익을 추구하는 종교"라는 문제에는 임금과 형벌, 즉 승진제도와 처벌 규정이 다양하게 혼재해 왔다. 스키너F. B. Skinner는 행동심리학을 통해 동물처럼 인간도 당근과 회초리의 혼합을 통해 조종당할 수도 있다는 사실을 충분히 증명하였다. 그는 무엇보다도 — 그것이 나에게는 아주 중요한데 — 하느님께 분명히 감사를 드리고 감사Gratuität의 체험으로 동기를 부여받은 인간은 그러한 거래에 기만당하지 않는다는 사실을 등한시하였다. 그럼에도 불구하고 바티칸 깊숙히에서까지 온 교회가 그러한 제도를 고집한다면, 그것은 교회가 신앙의 근본적인 체험, 감사의 체험을 하지 못했거나 아직 충분하게 하지 못했다는 징후일 수 있다.

## 2.8.2 성화된 자기 과시

유혹사화는 자기 과시를 통해 전달된 대단히 오래된 매커니즘을 신성시하는 것이 그야말로 악마적이라는 사실을 무시무시할 정도로 분명히한다. 지라르René Girard와 다른 평화 연구가들은 바로 자기 과시에서 무엇보다도 가부장적 문화들에서 모방과 함께 폭력, 특히 종교와 폭력이 결합된 주요 원인 중 하나를 잘 보고 있다. 자신을 관철시키고 타인을 멸시하는 자기 과시의 방법은 종교의 순수성을 위해서는, 이를테면 여성의 허영심보다도 훨씬 더 끝없이 위험한 것이다. 남성의 허영심 — 예를 들어 신학자의 허영심과 같은 — 도 존재한다. 그 허영심이 타인들을 지배하거나 괄시하는 행동을 하지 않는 한, 그것은 종교에 상대적으로 무해하며 위험하지도 않은 것이다. 우리가 자신의 허영심에 개의치 않을 수 있다면, 약간의 허영심은 일종의 통로가 되어서 위험한 형태의 자기 과시가 되지 않을 것이다.

그러나 종교사, 그리고 특별히 교회사는 위험하며, 항상 지나칠 정도로 오만하게 자기 과시를 하면서 권위를 내세우는 경향이 있는 세속적인 제도를 답습하고 신성시하는 대단히 위험한 형태를 보인다. 더욱이 폭력을 행사하는 거의 모든 지배권력은 자기 과시를 신성시하려는 경향이 있다. 동양과 이집트, 로마 등에서 행하던 신정예배Gott-Kaiserkult의 모든 관습들이 거기에 해당한다.

콘스탄틴 황제 때에 옥좌와 제단 사이에 동맹이 이루어진 후 교황, 짜아르와 황제 사이에 "신성동맹"에 이르기까지 자기 과시와 그의 신성화를 통해 서로를 강화하는 매커니즘이 작용했다. 아씨시의 프란치스코와 필립보 네리 같은 성인들은 그들의 그리스도교적 유머를 통해 이 조작극을 꿰뚫어보고 때로는 웃음거리로 만들 수도 있었으며, 많은 사람들이 이러한 경향으로부터 몸을 지키도록 도울 수도 있었다.

1968년에 로마에서 몰탄 기사 수도회(요한 기사 수도회의 분파)의 피정을 지도할 때, 나는 제대 앞에 무릎을 꿇음으로써 그때마다 총장과 하나임을 보이고, 강의 전에 그에게 "공경하올 예하"Altezza eminentissima로 인사해야 한다는 지시를 받았다. 그러나 자선을 베푸는 고귀함을 통해 자신을 드러낸 명문 귀족 출신의 이들 남자들은 이런 의식을 진심으로 비웃고 기꺼이 포기하려는 경향을 충분히 가지고 있었다. 자기 과시를 모방하고 신성시하는 부끄러운 형식들 중의 하나가 추기경이 자포紫袍를 걸치고 "추기경님"으로, "공경하올 예하"Eminenza reverendissima로 불리는 관례이다. 그 정점이 추기경의 길게 늘어진 옷자락이다(coda는 길게 늘어선 행렬을 의미하며, Kauda는 길게 늘어진 옷자락이다). 비오 12세 때까지 12m나 되는 기다란 옷자락은 추기경들의 기본권에 속했다. 나는 로마에 살면서 추기경들이 여러 가지 이유에서 12m의 거리를 두고 옷자락 뒤에 따라오는 수행원들과 함께 얼마나 위엄있게 베드로 성당까지 행진해 가는가를 보았다.

비오 12세가 추기경들의 옷자락 길이를 짧게 했을 때, 커다란 소요의 분위기가 지배했었다. 당시 보수파 지도자였던 카날리Canali 추기경은 비오 12세가 서거한 후에 예전의 12m나 되는 긴 옷자락 차림으로 두 명의 동료와 함께 공공연히 나타났다.

요한 교황은 이런 기이한 희극을 꿰뚫어보았다. 그가 교황이 된 후에도, 『오쎄르바토레』Osservatore 지는 일상적인 말투로 계속하기를 "어떻게 우리가 교황 성하의 존경스런 말씀을 알아들을 수 있을까". 요한 교황은 편집자를 오도록 해서 그에게 지시했다. "이런 터무니없는 농담은 그만두고 이렇게 쓰시오: '교황이 말했다.'" 바오로 6세가 교황직을 시작한 첫해인 1963년 사순절 초기에 나에게 마죠르도모Maggiordomo를 보내어 그 자신과 로마 교황청을 위한 피정 지도자로 정한다는 사실을 전하게 했다. 나는 호칭 형식에 따라 물었고 혼란스런 장황한 말을 들었기에 나는 부탁했다. "제게 그것을 기록해 주시겠습니까? 저는 제가 기억하지 못한 것을 할 수 없을지도 모릅니다." 사절Prälat은 교황에게 그것을 곧바로 설명했으며, "나는 당신이 쓸데없는 호칭 때문에 귀중한 시간을 허비하는 것을 금합니다. 당신은 하고자만 한다면 '신부님'으로도 다른 모든 사람들에게 강의를 시작할 수 있습니다"라는 사실을 알게 되었다.

"현대세계에서의 교회"라는 안案을 위한 위원회의 편집 비서로서 나는 주교위원들과 많은 교류를 가졌다. 마음이 열려 있는 주교들은 물론 약간 보수적인 주교들까지 포함하여 존칭과 칭호를 금했다는 사실이 매우 빨리 분명해졌다. 공의회가 끝나갈 무렵 일련의 추기경들과 주교들이 의견을 같이하는 신학자들과 벨기에의 신학교에서 함께 만났다. 나도 콩가르Yves Congar와 함께 초대받았다. 주교들과 추기경들이 사도들의 단순성과 가난함으로 돌아가고 모든 비복음적인 칭호들을 폐지하는 것에 관한 이른바 열네 가지 안案이 목적이었다. 수백 명의 주교들이 분명하게 찬성하였다. 나는 그들 모두가 각자의 교구로 돌아간 후에도 오랫동안 그렇게 살았다고 믿는다. 공의회가 분명하게 만장일치로 모든 자기 과시와 작별을 고했다면, 짐작건대 공의회 이후의 위기는 완전히 다르게 유익하게 지나갈 수 있었을 것이다.

나는 또한 요즘의 복고의 물결이 자기 과시의 인습으로 돌아가려는 경향과 결합한다는 점을 알고 있다. 이러한 추측이 맞는다면, 더 큰 권력을 집적하려는 바티칸의 노력, 광대한 통제체계와 바티칸의 선언에 대해 획일성을 강요하는 노력은 심리적으로 연결되어 있다. 복고의 주창자들은 서로 완전한 칭호를 사용하면서 마음에 들어한다(예를 들면, Eminenza Rev.ma, Signor Cardinale, Eccellenza Rev.ma, Signor Vescovo 등). 추기경의 탁월한 가치를 중요하게 생각하는 단어들이다. 나는 복고주의에 아주 열심인 옹호자와 강경주의자들을 주교에 임명시키려 배후 조종자들이, 로마의 추기경들이 궁전을 가지고 수많은 하인을 두었던 옛날의 좋은 시절과 비교해 볼 때, 추기경들의 위신이 폭락했다고 맹렬하게 불평하는 것을 들었다. 나의 주의를 끈 것은 교황이 신성화된 자기 과시에 연루되는 것이었다. 무엇보다도 교도직에서 가르치는 것, 교황의 오류가 없지 않은nicht-unfehlbaren 가르침에 대한 신앙고백과 충성의 맹세를 해야 하는 교서에 대해 교황이 추인할 때에 그렇다. 사도좌 관보는 "지극히 거룩하신 분의 알현으로"ex audientia Sanctissimi 이런 칙서에 대한 교황의 인가가 이루어진다고 설명하고 있다(A.A.S. 1989, S. 1405).

교회에서 다시 복음의 증언과 그 단순성에 대한 구원과 치유의 관계가 회복되기 위해서는 예수를 통한 성전 정화가 필요하다. 이 관련성에 대한 폭로는 "악마의” 기만과 자기 기만에 연루되지 않으려는 모든 사람들의 절대적인 의무에 속한다. 모든 비겁함은 이런 간계에 연루되어 있다.

나는 나 자신에게 그리고 나의 독자들에게 대단히 많은 우리 주교들이 그 책략을 꿰뚫어보고 복음의 단순성을 좋아하고 있다는 위로의 말을 한다. 그러나 공중누각과 같은 예리고 성의 장벽이 무너져서 우리로 하여금 세상의 권력에서 해방된 메시아를 확실하게 선포하도록 하는 교회에 건강한 관계를 위한 공간이 생겨나도록 몇몇의 기도하는 행렬과 예언자적인 폭로의 나팔소리가 필요하다.

## 2.8.3 종교 권력의 유혹 구조

“권력은 부패한다. 절대권력은 절대로 부패한다”(Lord Bacon). 너무 흔한 이 격언에 이어 또 다른 격언이 필요하다. “가장 좋은 것은 부패한다. 그러므로 가장 나쁜 것을 바쳐라.” 유혹사화와 그에 대한 성서와 그리스도 자신의 해석은 참된 종교에 대한 놀라운 위협으로서 파멸의 연대성, 오류 그리고 기만 속으로 한없이 얽혀 들어가는 악마의 차원을 보여주고 있다. 우리가 동화되어서는 안되는 세상은 — 요한 복음의 의미로 볼 때

— 종교적 권력을 완전히 남용하고 하느님 이름으로 권력을 남용하는 데서 정점에 이르고 있다. 그러므로 겸손하고 권력에서 자유로우며 고난을 준비하는 야훼의 종을 철저하게 본받는 것은 예수가 악마의 유혹을 폭로한 핵심에 속한다. 그에게로 베드로는 회심하여 돌아가야 하며, 교회에서 권위를 행사하는 사람도 어떻게든 똑같이 철저하게 그를 향해 회심해야 한다. 우리는 유혹을 직시하고 우리가 어떻게 그 유혹을 견딜 수 있는가를 항상 새롭고 진지하게 숙고해야 한다.

신성화된 자기 과시는 비복음적인 권력구조에 상응하는 권력행사의 위험과 손을 잡았다. 이탈리아의 독립과 국가의 통일을 지휘하던 가리발디Garibaldi가 1870년에 부패한 교회국가를 교황권으로부터 빼앗았을 때, 교황들은 거의 60년간 화가 나 있었다. 그들은 스스로 바티칸에 틀어박혔다. 그리고 세속의 권력을 포기할 수도 있다고 조심스럽게 경고를 했던 모든 사람들은 견책을 당했다. 교회에서 그리고 세속권력과 베드로직의 결합, 즉 병든 정치제도와 실제로 끊임없이 결합하고 마침내는 황제와의 "신성동맹"에서 이루어진 결합은 교황의 그리고 온 교회의 권위 이해, 권력 이해에 불리하게 작용했음에 틀림없다. 이쪽으로 얽혀들어가게 되는 전환점은 이미 중세 초기에 베드로직이 로마와 이탈리아의 귀족정치 싸움의 불씨가 되었을 때에 발생하였다. 그러나 세계적으로 이의 절대적인 특징이 집중적으로 드러나는 것은 비로소 아비뇽 유수Exil in Avignon 때이다. 두 가지 요소들이 무섭게 효력을 나타내었다. 첫번째, 아비뇽에 있는 교황의 궁정에서 추가로 새로운 재원이 필요했기 때문에 교회국가의 소득이 빠져나갔다. 둘째로, 당시에 엄격하게 중앙집중적으로 조직되었던 국가가 프랑스에서 교황 지배의 새로운 모델을 도입하였다. 이런 운명 아래서 교황의 주교 임명은 실제로 지역교회들이 공동으로 발언할 권리를 가지지 못한 채 이루어졌으며 항상 기부금과 연결되었다. 또한 고위 성직자의 임명은 재원으로서 중요했다.

황제와 왕과 영주의 정치적 권력으로부터 교황의 주교 임명권이 박탈당한 한, 당시에 교황이 주교를 임명하는 관행에 대한 근거가 충분히 설명된다. 그러나 오늘날의 바티칸은 실제적으로 전세계의 대략 5천 명의 주교들의 임명권을 혼자 쥐고 있으며, 요사이 바티칸이 교회의 대학들과 신학부의 모든 신학교수들의 승인을 유보한다는 사실은 중앙으로 거대한 권력집중을 해나간다는 것이다. 교황이 결정한다는 어조는 나쁜 길로 이끄는 것이다. 어떻게 한 사람이 동시에 로마의 교구들을 돌보고 온 교회의 교황으로서의 과제뿐 아니라 로마 주변과 이탈리아의 대주교들과 서방과 아프리카 등 여러 나라의 대주교들의 과제를 한손에 효과적으로 규합할 수 있을까? 어떻게 그가 거의 5천 명이나 되는 주교들을 임명하고 수많은 신학교수들의 승인을 감독할 수 있을까? 여기에서 교회가 역점을 두어 주장하는 보조성의 원리Prinzip der Subsidiarität가 뒤죽박죽이 되었다. 관료주의와 공식·비공식적 정보들에 관한 엄청난 장치와 몇 킬로미터나 되는 문서 기록들은 그렇게 임명하고 감독하는 심급기관의 것이다. 거기에다 그것은 오래된 원칙, 제2차 바티칸 공의회에서 다시 강화된 주교 단체성Kollegialität의 원칙에 어떤 방법으로도 일치하지 않는다. 그래서 건강하지 못한 권력 구조와 서로의 신뢰를 위축시키는 일이 발생한다. 이러한 권력 구조에서 과연 베드로와 그의 협력자들이 겸손하고 권력에서 자유로우며 아버지로부터 찬미를 받은 야훼의 종에 관한 핵심적인 복음을 전할 수 있는가의 문제를 다시 한번 제기하게 된다. 필시 세상의 도처에는 확실한 신앙의 증인들이 있다. 그러나 그것은 베드로직이 이 믿음의 확실성을 위해 봉사하는지 아니면 이를 어떤 방법으로 덮어 가리는지의 여부에 달려 있다. 사랑의 결합이 문제가 되며 중앙집권주의적으로 팽창한 통제 장치는 거기에 그다지 맞지 않는다 — "네가 나에게 다시 돌아오거든 형제들에게 힘이 되어 다오!"

미리 언급한 상황을 대하고 비관주의에 빠지지 않기 위해서 나는 이전 박사 과정에서 쓴 문서를 인용한다. 열렬하고 믿음에 가득 찬 선교사는 다음과 같이 쓰고 있다. "여기 인도네시아에서 그리스도교는 시대에 뒤떨어진 곰팡내나는 어떠한 악취도 풍기지 않는다. … 로마와 바티칸은 아주 멀리 떨어져 있으며, 종교 지도자들은 멀리 떨어져 있는 사람들이 아니라 가까이 있는 남자들과 여자들이며 그들은 걱정과 불안으로 그러나 역시 희망과 기대를 가지고 그들의 공동체 속에서 연대하며 관리로서의 인상을 주지 않는다. 또한 그들은 도덕과 교회법을 권위를 가지고 감시하도록 임명을 받았다. 여기에서는 '관직교회'Amtskirche라는 말을 알지 못하며 바라건대 절대로 번역할 필요도 없다."

## 2.8.3.1 중국 교회의 상황

로마가 이 거대한 민족과 유례없는 위대한 문화 — 가장 큰 문화권 — 와의 관계에서 주교 임명을 원칙상 포기했고, 적어도 중국과의 관계에서 본래의 교회 구조로 되돌아가게 되었을 때, 압력을 받은 중국 교회는 이미 오래 전에 가장 나쁜 좁은 길로부터 빠져나올 수 있었다. 살아남기 위해서 지역교회는 스스로 주교의 선발을 책임지는 결정을 했어야 했다.

왜 로마는 양보하지 않는가? — 선례를 남기려 하지 않기 때문이라고 추측해 볼 수 있다. 중국의 교회가 옛 교회 구조로 되돌아가야 한다면 아프리카, 라틴아메리카 등 다른 지역교회들을 어떻게 거부할 수 있겠는가? 상대적으로 작은 통합된 동방교회를 위한 새로운 교회법에서는 이미 보조성의 원리에 가까운 모델을 실행하고 있다. 그런데 왜 중국과 세계교회에서는 그렇지 않은가? 로마보다 앞서 있어야만 하는 사랑의 결합 Liebesbund은 그때문에 해를 입지는 않는다. 중국 교회의 상황은 보고 이용해야 할 때(*kairós*)에 와 있다.

## 2.8.3.2 체코슬로바키아 교회의 상황

교회는 박해를 받는 극도로 어려운 시절에 살아남기 위하여 결혼한 남자들도 사제로 — 그리고 주교로? — 서품했다. 로마는 이에 동의했다. 해방된 이후에, 지금도 여전히 사제로서 커다란 어려움을 겪고 있다. 신앙

때문에 그들이 얼마나 많은 고통을 당했는지 모르는데, 이제 모든 기혼 사제들은 선례를 남기지 않기 위해서 부제로 새로이 강등당할 것이다. 여기에서도 하나의 때가 보인다. 지난 세기말까지 라틴아메리카의 교회와 필리핀 교회에서도 전적으로 아니 거의 전적으로 사제들을 수입해 왔다. 사람들은 독신으로 산다거나 사제를 양성한다거나 로마의 지배에 응하는 문제에서 토착민들을 신뢰하지 않았다. 그리하여 첫번째로는 토착화를 봉쇄했으며, 두번째로는 이 민족들에게 정규적으로 성찬례를 행할 그리스도교 공동체의 기본권을 불법으로 주지 않았다. 체첸의 경우를 세계교회는 가장 큰 관심을 가지고 받아들여야 할 것이다. 왜냐하면 그것은 그리스도교의 기본권, 바로 확실하며 공동체가 세운 성찬례 의식에 대한 기본권을 요구하는 문제이기 때문이다. 천국을 위한 독신은 위대하고 아름다운 일이다. 사람들은 독신법에 반대하고 예수의 장엄한 언약과 명령에 대해, 성찬례 의식이라는 기본권에 맹세를 하였기 때문에 베드로를 통해 근본 신앙을 강화하는 정통이 위태로워졌다.

이때에 "나는 성령을 믿는다"는 신앙의 표제 역시 문제가 된다. 독신의 의무를 지키는 사람만이 성직에

오를 수 있다는 법률적인 약정을 포기하자마자, 독신을 선택하는 소수의 사람들이 많아졌다는 사실은 종종 논란거리가 된다. 내가 믿는 바대로라면, 자유로이 선택한 독신은 성령이 작용하시는 하나의 은사이며, 단지 그뿐 아니라 성령의 작용에 법률적인 통로를 정할 수도 있다. 근본적인 변화 속에서, 진정으로 결혼한 남자들이 성직에 서품될 수 있다면, 우리는 첫번째로는 선하고 실제 삶과 밀접하며 경험이 많고 믿음이 깊은 더 많은 사제들을 얻게 되며, 둘째로는 독신을 자청하거나 경우에 따라서는 생활조건에 맞게 독신을 자유로이 선택하는 모든 사람들이 의미있게 살게 되며 천국을 확실하게 증거하리라고 본다. 그러면 역시 자유로이 선택한 독신은 다시 매력적인 것이 된다. 그러나 이에 관해 미래에 항상 일어날 수 있는 것은 정통에 대한 도전이다. 하느님의 명령과 언약을 순전히 인간의 법률적인 전통에 바칠 수는 없다. 결국 이 문제에서 보조성이 분명하게 효력을 가지게 된다. 즉, 세계교회의 모든 지체가 실로 자유로이 공동결정을 내리고 경우에 따라서는 그들의 영역에 대한 결정을 내릴 수 있다.

나는 아프리카에서 아프리카 사람들과 일한 경험을 통해 확신하게 되었다. 아프리카에는 많은 부족과 다양한 문화들이 있는데 그 가운데에서 많은 젊은 청년들이 독신 사제직을 자청하며 또한 독신으로 진실하게 살아갈 수 있는 능력도 있다. 그밖에도 수많은 부족이 있는데 그들 중에는 세대간에 문화적으로 독신이 성공할 수 없는 경우도 있다. 그렇다면 전적으로 그들 나름대로 훌륭한 문화를 가진 이들 부족은 다른 부족으로부터 사제들을 수입해야 할까?

중앙집권주의적인 권력행사를 결정적으로 철폐하고 확실한 다원성을 기꺼이 승인하는 것, 즉 보조성에 대한 경외심이 가톨릭 교회에 꼭 필요하다. 교회의 건강, 교회가 받은 사명, 구원과 치유 그리고 교회 내부에서 요구되는 교회일치를 위해 분명히 봉사하는 일이다.

# 2.9 구조적으로 어지럽혀진
# 신뢰관계가 회복되다

공의회는 많은 사람들에게 교회를 쇄신하는 성령의 능력에 대한 신앙을 체험한 하나의 축제였다. 우리는 그 당시 로마 교황청의 고위 성직자들에게 인간적으로 동감하고 확실한 요새의 정신으로 엄격하게 중앙집권화한 교회 이해를 철저하게 마음에 새기려고 노력하고 있었다. 즉, 진리의 모든 보화들을 안전하게 담아두는 곳인 교회는 굽히지 않고 완고하게 방어하는 것이 중요하다. 이들 교황청 기구들은 낡은 교회 이해와 중앙집권적으로 굳어진 교회 구조와 이에 맞는 신학에 대한 약간의 수정을 통하여 72개의 문서를 준비했다.

공의회의 공개된 자리에서 종래에 지나치게 칭송받던 비오 11세의 회칙(*Casti connubii*)이 비판받았을 때 이들 교황청 기구들의 충격이 엄청났던 것은 이해할 만하다. 주교 단체성에 대한 질문들이 진지하게 제기되었을 때, 이들의 반응은 병적인 상태로까지 갔다. 주변적인 문제들, 아니 그뿐 아니라 주교 단체성과 같은 중요한 문제들조차도 다수가 타협할 용의가 있었음에도, 옛 교황청의 많은 남성 성직자들은 충격을 받고, 공의회 신학자들 중에 주범이 있다고 보는 쇼크 상태에 빠져 있었다. 이 공의회는 바로 교회의 목자들이 학문적인 신학을 가지고 모범적으로 공동작업을 한 공의회라는 사실을 그들은 알지 못했다.

공의회 이후에 로마에서 있었던 첫번째 주교 대의원 회의에 즈음하여 이미 오타비아니Ottaviani 추기경과 복고주의에 마음을 쏟는 그의 단체가 마치 신학자들만이 공의회 이후의 긴장 상태에 책임이 있는 듯이 "신학자들"을 향해 강하게 반격을 하기 시작하였다. 이런 현상 뒤에는 위에서 언급한 충격이 자리잡고 있다. 나는 그것을 이해해보려고 한다.

되프너Döpfner 추기경과 다른 사람들로부터 지지를 받는 수에넨스Suenens 추기경의 제안은 일시적인 타개책 이상으로 미래를 향한 하나의 방법을 추구하였다. 진정으로 훌륭한 국제적인 신학자들의 위원회가 미래에 교황과 "교황청"Suprema의 권리 계승자인 신앙교리성 Glaubenskongregation에 조언을 하고 로마의 교직과 온 교회 신학자들의 모임 사이에 영구적이고 결실있는 대화를 보장해야 한다. 그러나 이 위원회를 구성하는 과정에서 이미 교황 바오로 6세는 신앙교리성의 압력에 굴복하여 — 주교 대의원회의의 제안으로 — 선발 명단에 밑줄을 칠 수밖에 없었다.

공공연한 저항이 있었고 이 위원회에 속한 라너Karl Rahner가 사퇴한 이후 많은 이들이 진상을 알게 되었다. 즉, 그 이후로 로마 당국은 한편에서 실제로 대화를 거부하게 되었다. 그뿐 아니라 영향력있는 공의회 신학자들의 이름도 명단에서 모두 지워졌다. 단호한 제동장치가 돌연 나타났는데, 가령 윤리신학과 같은 전문분야에는 예를 들어 「그리스도교인의 결혼」Casti connubii을 오류가 없는 문서로서 평가했던 카파라Carlo Caffarra와 메이William May 같은 성직자들이 속한 위원회가 있었다.

1975년 노쇠해 가는 교황 바오로 6세 밑에서 나에게 반대해서 — 다른 많은 사람들과 나란히 — 진행된 교직 소송Lehrverfahren은 신앙교리성과 일반적으로 교황청의 복고주의 물결의 관심사를 전형적으로 드러냈다. 분명히 오류가 없지 않은 가르침을 획일적으로 강요하는 것이 문제이다. 즉, 분명히 오류가 없지 않은 로마의 교시에 대해 다른 의견을 제시한다면 비록 그 사람이 신중하고 폭력을 쓰지 않는다 하더라도 미래에는 모두 철저하게 저지를 당할 수밖에 없을 것이다.

　로마에 체류하던 여러 해 동안에 나는 별다른 노력을 하지 않고도 "교황청의 최고위 성성"에 속한 상당수 신학자들의 영신상담을 하고 치유하는 일을 하게 되었다. 그래서 나는 그 일을 훤히 알게 되었다. 사전 대화의 가능성 없이 나와 결부된 교직 소송에는 무엇보다도 "인간의 생명", 즉 책임있는 부모가 되는 길 그리고 거기에 결부된 의료윤리의 과제들이 문제가 되었다. 익명의 도덕군자들의 손에서 나온 굉장히 길고 비방에 가득 찬 기소장은 나의 책『치유하는 예배』*Heilender Dienst*의 이탈리아어판에 근거하고 있다. 나의 책을 읽은 모든 독자들은 책에서 한 내 발언이 이런 점에서 명망있는 주교회의와 독일 연방의 공동 시노드가 공식화한 것을 넘어서지 않았다는 사실을 나에게 증명해 줄 수 있다. 나의 소송에서 새로운 것이라면 로마의 가르침, 예를 들어 교황청으로부터 나온 성명「인간의 본성. 성도덕에 대한 몇 가지 질문에 대하여」에 대한 다른 의견을 싹부터 더 정확하게는 제재를 통해서 미연에 방지하겠다는 의도를 분명히 드러낸 것이다.

　나는 1977년 5월 18일자 신앙교리성의 문서에서 인용한다. "본 성성은 당신에게 몇 가지 의문점과 관련하여 실제로 당신이 교직에서 표명했던 가톨릭의 교리에 대하여 당신이 동의한 바를 해명할 것을 요구합니다. 그리고 앞으로는 당신의 동의가 의심받을 수도 있는 모든 구술적이고 서술적인 언명을 피하도록 당신에게 촉구합니다. … 그렇게 한다면 당신은 해결될 재판의 종결을 고등법원에 신청할 수 있습니다. 그래서 본 성성은 당신에게 위에 기술한 의미가 문서를 통해 확인한 것을 성성에 전달하도록 요청합니다.”

여기에서 한 신학자의 자유로운 공간이 긴급한 사목적 문제에 얼마나 가까이 갈 수 있는지를 숙고하게 된다. 혹시나 로마 당국이나 교황의 교시에 대해 다른 의견이 있는 것은 아닌가 하고 말을 신중하게 골라 해야만 하는 신학자를 어떻게 믿을 수 있을까? 그리고 그런 신학자가 비판적인 사람들에게 어떻게 확신을 주고 도움이 될까? 이탈리아 청년들과 수십 년간 교제하면서 나는 그들 사이에 “추기경처럼 말한다”는 예리한 판단이 있음을 알게 되었다. 그 판단이 의미하는 바는 다음과 같다. 이런 신학자나 영신상담가는 자신의 연설에서 메시지나 청중을 먼저 생각하는 것이 아니라 자신의 승진과 관계있는 사람들을 첫번째로 생각한다. 이제 나의 경우에는 승진이 아니라 내 영혼의 안식과 확실한 것을 선포할 수 있느냐가 문제이다.

　신학자인 나에게 끈질기게 떠오르는 문제는 이런 것들이다. 우리는 표류하는 삶 속에서, 다원적인 문화와 다양한 윤리의식과 도덕 속에서 어떻게 서 있어야 할까. 우리는 로마의 공식적 가르침에 대한 그런 강요된 획일화로 다양한 문화 속에서 그리고 새로운 세대와 대면하여 그리스도교의 복음을 토착화하는 데 어떻게 협력할 수 있을까? 그때에 아직도 교회일치적인 대화가 가능할까? 질문들이 너무나도 직접적으로 나를 괴롭힌다. 다음과 같은 말씀에 대해 신앙교리성은 어떠한가? "양심에서 우러나오지 않은 행위는 모두 죄가 됩니다"(로마 14,23 참조). 내가 대강 훑어보았던 그 많은 교직 소송에서 철회와 승인에 대한 압력 때문에 한 신학자가 이 **성실한 양심**을 나타낼 수 있는지 여부를 묻는 물음이 전혀 나오지 않았다. 이 조야하게 강요된 질문으로 구원과 치유를 위해 일하는 교회의 본래적인 사명이 위태롭지 않은가? 더욱이 나와 결부된 교직 소송과 그와 유사한 소송 절차에서뿐만 아니라 다른 많은 경우에도, 로마 당국은 아버지로부터 분명히 약속받은 성령의 도움을 항상 강조하면서 마치 이것이 **자동적으로** 그들 것인 양 자기의 영역으로 끌어들인다. 여기에서도 우리는 근본적으로 묻게 된다.

아무리 멀리서 보아도 하나의 교의와는 결코 관계가 없는 교직 소송이 좀더 나은 발전을 위해 오늘날의 상황에 의미있는 빛을 던져주지 않는다면, 이 모든 것은 태연하고 관대하게 침묵함으로써 은폐될 수도 있다. 교황 요한 2세는 특별히 그것이 인지되도록 아무것도 하지 않았다. 그러나 나는 나의 소송 때문에 또는 획일적인 의견에 동조하지 않았기 때문에 얼마나 비싼 대가를 치러야 했던가에 대해 말하고 있다. 소송이 진행되는 동안 세 번에 걸친 암수술과 심각한 심근경색증과 더불어 나의 건강이 나빠지는 심각한 징후에도 불구하고 소송은 거의 2년이나 걸렸다. 그후에 나는 철회에 서명하고 다른 의견이 있는 것처럼 보이는 모든 것을 피하라는 무리한 요구에 거부하기로 결정했다.

이와 관련해서 결정적인 것은 1983년의 새 교회법 조항이 바로 나의 소송에 들어맞는 교회법 1371조의 1항의 제재에 근거했다는 점이다. 즉, 결코 오류가 없지 않은 로마의 가르침에 대해 이견이 있는 모든 사람은 피의자가 무조건적인 철회를 거부하자마자 그에 따라 지체없이 범인으로 취급된다. 나를 상대로 제기된 교직 소송에서와 마찬가지로 이 제재법에서도 양심의 공정성에 대한 질문은 결코 제기되지 않았다. 이 모델에 따라 이제 교직 소송 전체가 진행될 수 있었다. 그외에 주목할 만한 것은 이 제재가 새로운 법 조항의 준비를 위한 국제위원회에서 결코 언급되지 않았다는 점이다. 이 제재는 바티칸이 최근 본문에 끼워넣은 것이다.

최근 몇 년간 일련의 교직 소송과 교황과 신앙교리성에 복종하라는 숱한 경고조치에도 불구하고, 제재를 통해 도달하고자 가장 애쓰던 목표, 즉 절대적 획일화에 충분히 도달하지 못했음이 분명히 증명되었다. 그래서 날쌔게 그리고 아마도 이른바 「쾰른 성명서」*Kölner Erklärung*에 대한 하나의 반응으로서 1989년 1월 9일자로 지금까지 논란이 많았던 문서, 즉 신학자들에게 "신앙고백"과 그에 상응하여 오류가 없지 않은 교황의 가르침에 대한 충성의 맹세를 지시한 문서가 출현했다는 사실이 잘 설명된다. 이 문서는 교황이 지지한 것인데도 불구하고 공표 때에 통상의 기재 사항이 첨가되지 않았다는 사실이 눈에 띈다. 이 중대한 결점은 1989년 9월 19일에 "Sanctissimus"요 "Beatissimus"라는 교황이 이를 승인했다는 설명과 함께 고쳐졌다(바티칸은 공식적으로 교황을 "지성자"요 "지복자"라고 칭한다). 이 놀라운 법령의 의미와 목적을 우리는 이제 추측해 볼 수 있다. 다른 의견을 징계하는 데에다 또 충성의 서약을 파기하는 데

대한 특별한 제재를 덧붙이려 했던 것인가? 내겐 다분히 그렇게 보인다.

실로 비할 데 없는 자기 과시는 제외하고라도 이를 기회로 특별한 약점을 지적해야 한다. "신앙고백"이라는 표제 아래에는 모든 도그마들에 대한 신앙은 말할 것도 없고 로마가 최종적으로 결정을 내린 계시되지 않은 모든 가르침들에 대한 확고부동한 동의 — 예를 들지는 않겠지만 — 그리고 마침내는 로마의 모든 교리 결정권에 이성과 의지로 하는 "종교적 복종"obsequium religiosum이 포함된다. 여기에서 로마가 가진 교리 결정권은 허락될 수 없는 방법으로 계시된 오류 없는 진리들과 등급은 있으나 상세히 설명되지 않은 등급 사이의 결정적인 경계를 없애버렸다. 우리는 아주 다양한 실상들의 위험하고 허락될 수 없는 말소작업에 직면하고 있다. 이는 아마도 "비밀스러운 무류성"의 가장 명백한 예가 될 것이다(A. Schmied, „Schleichende Infallibilisierung. Zur Diskussion um das kirchliche Lehramt", in: J. Römelt, B. Hidber (hrsg.) *In Christus zum Leben befreit*, 1992, 250-74).

「사목헌장」*Gaudium et spes*의 교회와 문화에 대한 장에서 62항에 있는 제2차 바티칸 공의회의 매우 중요한 지적은 허사가 되었다. 문화생활에서 효모가 되어야 할 교회의 사명이라는 관점에서 볼 때 거기에서는 신학자들과 타학문의 탁월한 대표자들간의 교류interdisziplinäre 대화를 간절하게 권한다. 또한 평신도들도 신학공부를 하도록 격려를 받는다. 그러고 나서 다음과 같이 적고 있다. "성직자나 평신도가 그리스도교 신자로서 그 임무를 수행할 수 있기 위해서는 연구와 사색의 정당한 자유와 각기 전문분야에 대한 자기 의견을 겸허하고 용감하게 발표할 수 있는 자유를 인정해야 한다." 역시 신앙교리성의 다른 문서들 — 다른 의견을 막고 있는 문서들 — 에서도 매우 시사적인 공의회의 언명이 전혀 언급되지 않고 있다. 그런고로 우리는 묻게 되는데, 우리는 어떤 방향에 책임을 지고 순종해야 할까?

여기서 공의회 이후 교회는 결정적 기로에 서 있다. 갈릴레이의 탐구에 따른 갈등보다도 훨씬 더 진지한 이 "우발적 사건"으로부터 나온 순례하는 교회는 아마도 미래에 대해 알 것이다. 나는 이와 관련하여 그렇게 멀지 않은 장래에 결정적인 돌파가 일어나리라고 확신한다. 교회의 공적인 의견은 이러한 사건에 매우 강경하다. 건강하지 못한 중앙집권화에만 봉사하는 이미 언급한 그리고 유사한 불신의 구조들은 무조건 될 수 있는 대로 빨리 철폐해야 한다. 그렇게 함으로서 교회는 교회의 신학을 통하여 "세상의 소금"이 될 수 있으며 새로운 복음화라는 엄청난 과제를 제기할 수 있다.

여기서 우리가 교회일치라는 신경통 같은 사실에 직면하고 있다는 점은 아무리 말해도 충분하지 않다. 그것은 말하자면 기정 사실이다. 교회일치를 위한 모든 회합에서 그것을 언급한다. "교황청의 궁전" 주위에 장벽이 얼마나 높고 강한 것인가 하는 질문이 다시 제기된다. 실로 아주 분명하게 긴급한 문제에서 단지 로마의 공식적인 가르침만이 언급되어야 하고 중대한 문제에 대해 모든 교회의 신학자들 사이에 서로 다른 의견의 일치를 감추려고 한다면, 도대체 어떻게 결실이 있는 공식적인 대화가 의미있다고 생각할 수 있을까? 실로 공의회 이전의 방식에 따라 로마의 교도권은 교회의 가르침과 동일시된다. 새로운 증거를 얻기 위해서는 다만 새로운 가톨릭 교회 교리서의 책장을 넘겨보면 된다. 거기에는 그저 "교회의 가르침"이라고 씌어져 있는데, 그것은 온 교회에서 로마의 입장이 공식적으로 받아들여지지 않은 상황에서마저 그렇다. 나에게는 이 상황이 본래의 베드로직과 모순되는 것 같다.

그리고 우리는 구세주의 커다란 관심사를 향하게 된다.

# 3

## "이 사람들이 모두 하나가 되게"

교회 내의 건강과 교회의 사명, 즉 구원과 치유를 선포하고 증언한다는 관점에서 앞장에서 논의되었던 모든 관심사들은 그릇된 복고정책의 결과로 로마 가톨릭 교회가 비극적으로 놓쳐버릴 수 있었던 단 한 번의 교회일치적인 은총의 시간이라는 관점에서 하나하나 곰곰히 생각해 보면 더 절박하다. 위험성은 크고 많은 사람들이 분명히 보여주었으며 언급하였다.

그때 무엇을 강조해야 할까? 여기에서 그리고 오늘날 전 그리스도교의 일치를 위해 베드로직은 특별히 어떤 것에 기여할 수 있을까? 성찬례의 모습이 분명히 예수의 관심사이며 유언이 되었듯이, 나는 무엇보다도 교회의 성찬례적 형상이라는 관점에서 전체 문제들을 살펴보고자 한다.

## 3.1 성찬례의 사랑의 공동체와
## 베드로와의 일치

그리스도교의 초세기가 경과하면서 로마의 주교들은 — 당시에는 교황으로 부르지 않았다 — 로마의 부활력Osterkalender을 강요하기 위해 동방 대교회와의 성찬례 공동체를 위험하게 하는 시도를 두 번이나 감행했다. 다행히도 두 번 모두 현명하고 예언자적인 성직자들이 동방에서 로마로 왔으며 로마의 주교들에게 이런 가공할 유혹을 말리는 데 성공하였다. 베드로의 후계자들은 기꺼이 말을 받아들였다. 그러나 자꾸 되풀이하여 교회의 분열이 일어나고 마침내 불화가 생겼다. 왜냐하면 "로마의 베드로"가 다른 교회와의 교제 속에서 비폭력적이며, 겸손한 야훼의 종에 대한 신앙을 철저하게 그리고 확신할 정도로 충분하게 새기고 있지 않으며 자신의 본래적인 사명을 성취할 능력도, 심지어는 이런 신앙을 강하게 할 능력도 없었기 때문이다.

아마도 후에 한 번 교황의 무류성에 대한 질문에 이 차원을 포함시켜 그릇되고 위험한 주석들과 경향들로부터 교의를 보호하게 될 것이다. 역사적으로 보건대, 엄밀하게 마태오 복음의 유혹사화에서 폭로한 "종교적" 유혹의 방법이 다시 문제가 된다. 또한 "성전 정화"의 주요 의미도 숙고할 필요가 있다.

내가 말하는 "베드로"란 우리들 신학자들에게 교회의 어떤 직무가 소유하는 모든 것을 뜻한다. 만일 우리가 조심하지도 않고 솔직하지도 않다면, 우리도 역시 유사한 유혹들에 내맡겨질 것이다. 그때는 항상 구원받은 인간성도 교회일치적 노력도 문제가 된다. 예수가 스스로를 철저하게 우리 가운데 하나인 사람의 아들Ben-Adam로서 불렀다는 사실은 의미가 있다. 그분에 대한 신앙은 모든 표현양식을 뛰어넘는 겸손함으로 그리스도인들 사이에서 모든 인간적인 관계, 특히 베드로의 후계자와 다른 사도들의 태도에 새겨져야 한다.

단순성은 그리스도교 일치 회복의 여정에 결정적이다. 더욱이 이것은 교황·주교·사제·신학자들의 개인적 태도뿐 아니라 교회 구조와의 관계에서도 그러하다. 공의회가 채택한 전례개혁의 첫번째 문서는 사제를 왕좌로부터 데려온다. 즉, 구원받은 공동체의 축제, 찬미와 영광을 받은 사람의 아들 주위에 몰려든 공동체의 형제 자매들이 벌이는 축제가 중요하다.

# 3.2 공의회에서의
## 교회일치를 향한 전환

제2차 바티칸 공의회에서 교회일치를 향한 놀라운 회심은 부분적으로 신학을 통해 준비되었다. 윤리신학자들도 조직신학자들도 공의회 이전에 교회일치 연구 모임을 위한 논쟁신학으로 전환의 길을 개척해 왔다. 그 당시 주석가들이 개척자들이었으나 로마는 그들을 힘들게 만들었다. 신학은 문서를 호교론적으로 이용하던 데서 — 로마의 언명을 뒷받침하는 목적으로 — 다른 교회 주석가들의 특별한 영향을 받고 하느님의 말씀에 대한 순종으로 되돌아왔다.

공의회는 가톨릭적인 교회일치를 발견해 낸 것이 아니라, 순수하게 가톨릭적이고 성서적이고 세계적인 전망에서 다른 교회들이 도달한 수준의 교회일치적인 사고를 따른 것이다. 그것은 공의회를 연 교황의 현명하고 온유한 지도에 따른 사고의 전환이며 회심이고, 베드로 그리고 다른 모든 사도들에게도 해당되는 주님의 말씀을 역사적으로 체험한 것이다. 즉, "네가 나에게 다시 돌아오거든 형제들에게 힘이 되어 다오". 공의회의 중요한 모든 문서들을 보면 우리는 역시 공의회의 표결에 참여하도록 허가를 받지는 못했으나 실로 "분위기"를 조성하는 데 결정적으로 협력했던 다른 교회 출신 "관찰자들"의 영향을 보게 된다. 그들의 관심사와 신학적인 자격은 진지하게 받아들여졌다. 우리가 마태오 복음에 나오는 유혹사화의 관점에서 쉽게 해석할 수 있는 앞뒤가 바뀐 태도를 "폭로"하는 기적이 일어났다. 그리고 지금까지 거의 대단하게 권력을 행사하고 압력을 가하며 거기에다 존칭을 쓰고 길게 끌리는 옷자락과 그러한 것들을 매달고 다녔던 몇몇 성직자들이 이 회심, 이 급진적인 사고의 전환을 매우 괴롭게 느꼈다는 사실은 매우 분명하다.

오랫동안 공의회 이전의 상황으로 가고자 애쓰고 그 때문에 현 교회의 위기를 깊게 하는 오늘날의 복고운동의 지휘자이며 대변인들은 복음이 밝혀낸 전형적인 유혹을 흔들어 깨우는 듯한 "폭로"와 같은 치유의 봉사를 필요로 한다. 그들은 교회가 공의회의 결과로 너무 순진하게 세상 쪽으로 향했다고 애통해한다. 그렇지만 성서의 빛에서 볼 때, 내가 다음에서 보여주려는 것처럼 상황은 아주 다르게 보인다.

공의회는 철저하게 겸손한 "사람의 아들", 야훼의 종에게로 그리고 그와 함께 인간의 세상 쪽으로 향했다. 더욱이 아주 특별한 의미로 "기쁨과 희망, 슬픔과 번뇌, 특히 현대의 가난한 사람과 고통에 신음하는 모든 사람들의 그것은 바로 그리스도를 따르는 신자들의 기쁨과 희망이며 슬픔과 번뇌인 것이다. 진실로 인간적인 것이라면 신자들의 심금을 울리지 않는 것은 있을 수 없다. 신자들의 단체가 인간들로 구성되었기 때문이다. 신자들은 그리스도 안에 모여 성부의 나라를 향한 여정에 있어서 성령의 인도를 받으며 모든 사람들에게 전해야 할 구원의 소식을 들었다. 따라서 신자들의 단체는 사실 인류와 인류 역사에 깊이 결합되어 있음을 체험한다"(「사목헌장」 1항).

로마 교황청의 권력자들이 준비한 문서들에서는 계속해서 교회가 교황권과 동일시되거나 경우에 따라서는 교황권이 교회와 함께 교황청과 동일시되었다. 오타비아니Ottaviani 추기경과 같은 교황청의 수장들에게 사고의 전환이 얼마나 힘들었던가를 나는 생생하게 기억한다. 우리는 교회라는 주제에 대한 새로운 구상들을 대하고 되풀이되는 그의 후렴을 들었다. "우리는 교회와 함께 시작해야만 합니다. 그런 다음에 비로소 교회의 종들, 신자들에 대해 얘기할 수 있습니다." 그리고 또다시 슈뢰퍼Schröffer 주교(후에 추기경이 됨)는 대답하였다. "하느님의 온 백성이 교회이며 교황과 추기경들은 신자들 속에 속해야 한다는 것은 우리의 확고한 신념입니다."

교회의 중심에는 오만함의 무상함과 불행, 성스러워진 지배 형태에서 우리 모두를 해방시키기 위하여 스스로 낮아지신 사람의 아들, 야훼의 종이 있다. 그렇기 때문에 복음 내지는 회심의 공의회의 근본 관심사는 다음과 같은 것이다. 오만한 성화의 결과로 기도와 증언 그리고 예수의 수난에 강력하게 대치하는 세상, 오늘날 다시 언급하게 될 자기 과시의 세상으로부터 단호하게 돌아서는 것. 우리는 이것을 예수의 압바-기도의 빛에서 보게 된다. "나는 이 사람들을 위하여 간구합니다. 세상을 위하여 간구하는 것이 아니라 아버지께서 나에게 맡기신 이 사람들을 위하여 기도합니다. … 세상은 이 사람들을 미워했습니다. 그것은 내가 이 세상에 속해 있지 않은 것처럼 이 사람들도 이 세상에 속해 있지 않기 때문입니다"(요한 17,9-14).

예수 시대에 고위 성직자의 지위에 있던 사두가이파에 대해서 생각할 필요가 있다. 그들에게는 권력이 중요하다. 그들은 그들의 성화된 권력을 유지하기 위하여 야훼의 종을 십자가에 매닮으로써 자신들의 기만을 완전히 폭로하였다.

교회일치를 위한 은총의 시간은 역시 오랫동안 온 교회와 특히 베드로-사도 봉사직의 인간을 향한, 특별히 가난하고 소외된 사람들을 향한 사랑과 겸손함에 달려 있다. 곧바로 이 철저한 애정은 원수 사랑의 원천으로서 고난받을 준비가 되어 있는 예수를 통한 구원의 증거로서 우리를 사탄의 유혹의 기만으로부터 보호해 준다. 후자는 그러하다. 즉, 이 세상 지배자의 전형에 따라 이득을 얻는 종교, 성화된 자기 과시와 그에 상응하는 권력 행사 속에서 가난한 사람들은 항상 손해를 본다. 우리 모두는 리구리의 성 알퐁소Alfons von Liguori와 함께 다음과 같이 말할 수 있을 것이다. "세상아, 내가 너를 아노라!"

수많은 비가톨릭 대학교의 객원교수로 그리고 복음주의 교회 지도자들의 피정 사제로서 나는 거기에서 에큐메니칼한 연구 모임에 속해 있었다는 느낌이 얼마나 큰 것이었나를 감사하는 마음과 놀라움으로 확신하였다. 공의회 직후에 람베트 회의Lambeth-Konferenz가 영국 국교의 주교들에게 과장된 모든 칭호들을 폐지하여 버리고 바티칸과 함께 온 교회가 이 모범을 따르는 것을 당연하게 받아들이게 되었을 때 나는 무엇보다도 기뻤다. 내가 교회일치적인 훌륭한 대주교 아테나고라스 Athenagoras와 만났을 때, 나의 기대는 대단히 컸다. 그는 나에게 재결합을 향한 중요한 발걸음으로서 이혼한 사람들의 인도주의적인 사목을 위해 끈기를 가지고 중재를 지속하도록 넌지시 암시했다.

그러나 그 당시 우리는 교회 안과 교회들 사이의 심각한 위기에 고심하고 있었다. 그것들은 성장을 위한 위기가 될 수도 있을 텐데! 그러나 이는 원인에 대한 명료하고 겸손한 진단을 전제로 한다. 나는 복음서들에 나오는 유혹의 폭로에 비추어 그 방법을 찾는다. 모든 편에서 그 사실을 알고 있다. 단지 로마만이 그것을 알지 못할 것이다. 가장 커다란 장애물, 위협 수단은 지나치게 강조된 로마의 중앙집권주의를 더욱 강화하려는 요즈음의 경향이다. 자기 과시의 새로운 물결 역시 성령의 특별한 도움을 받았다는 이상할 정도로 잦은 소명과 더불어 거기에 속하며, 더욱이 일방적인 복종의 윤리가 강조되고 성화된 엄격한 통제제도가 만연한다면, 그 밑에서는 주교들과 마찬가지로 신학자들도 고통을 당한다. 이렇게 통제를 하는 곳에서는 아버지로부터 찬미를 받은 사람의 아들에 대한 핵심적인 신앙이 중요하지 않고 오히려 바티칸의 특별한 가르침이 중요해져서 "백성들"이 격분하는 것은 정당하다. 그러한 퇴행 현상에 직면하여 안팎에서 경고가 나온다. 마음을 열어놓은 대주교들과 정교회의 수석 대주교들과 영국 국교회 연합과 특히 세계 교회협의회의 지도적인 성직자들이 특별히 표명하였다. 영국 국교회 연합에서는 놀라울 정도로 성숙한 대화의 결과들에 대한 신앙교리성의 소견이 좁은 혹평을 대하고는 대단히 불쾌해한다. 이는 성공적인 대화법 덕택에 가능한 것이었다. 모든 참가자들은 기도와 대화 속에서 우선 두 가지 질문을 제기한다. 하느님의 말씀의 빛에서 볼 때, 이 가르침은 나의 개인적인 신앙에, 나의 삶과 내가 봉사하는 공동체에 어떤 의미가 있는가?

그래서 하느님의 말씀에 대한 대화도, 살아온 삶에 대한 대화도 지나쳐버리지 않았고 결코 순전히 추상적인 형식으로 빠져들어가지도 않았다. 그에 비하면 신앙교리성의 입장은 완전히 다른 결과였다. 트리엔트와 바티칸의 공식들이 기점이었다. 전통적인 공식과 구조에 매달리고 있다는 것이 분명하게 드러났다. 신앙교리성에서 아주 똑같은 방법을 가장 훌륭한 신앙생활을 하는 성령이 충만한 여자와 남자 참가자들 사이에 적용해 본다면 어떤 일이 일어날까?

진단으로부터 정말로 명백한 다음의 치료 조치가 나온다. 신앙교리성은 자신의 현 형태와 보직으로는 대화위원회의 결과에 대하여 판결을 내릴 수 없다. 수용의 문제는 자격을 가진 신학자들이 참여한 가운데 전세계 지역 주교들, 주교회의들, 신학교수들 그리고 정말로 대표성을 가진 주교 대의원회의까지도 포함해야 한다. 더욱이 언급된 모든 사람들이 하느님의 백성이 가진 신앙의 의미에 대해 주의를 많이 기울이고 무엇보다도 교회일치에 가장 많이 참여하고 있는 평신도들에게 귀를 기울여야 한다.

## 3.3 대답하기 어려운 질문:
## 주교 단체성은 어떠한가?

"권력은 부패한다. 절대권력은 절대로 부패한다." 이미 인용한 이 경고는 마태오 복음의 유혹사화와 함께 교회를 중앙집중화한 관료제와 강력한 외교 단체를 가진 교황의 절대왕정으로 생각하는 모든 사람들에게 충격을 주었다. 초세기 교회는 주교회의synodale라는 명백한 구조, 주교 단체성을 통해 그러한 시도와 유혹에 대해 모든 수준에서 안전장치를 해놓았다. 스탈린식 공산주의의 특이한 중앙집권제를 포함하여 성화된 모든 절대적 체제까지 붕괴된 역사적 시간에, 신학자들의 모든 고용을 사소하게 통제하는 것에 이르기까지 로마의 증가하는 중앙집중화는 현 세계에서 표석漂石과 같은 상태에 있다. 그것은 정당화하라는 압력을 받아들이든지 아니면 사고방식을 바꾸든지 해야 할 것이다.

예리고의 성벽은 현재 어떻게 막혀 있는가? 예리고 성 안에 있는 것들을 해치지 않고 어떻게 성벽을 돌파할 수 있을까? 우리는 사람의 아들, 야훼의 종, 그의 사티야그라하*Satyagraha*(간디의 운동으로, 진리와 실천적 인식을 뜻함 — 역자 주)와 아힘사*Ahimsa*(*Satyagraha* 운동의 제2 항목으로 불살생, 비폭력, 무저항의 저항을 뜻함 — 역자 주)에 대한 신앙에 전력투구할 필요가 있다. 그는 목숨을 걸고 절대적으로 고난을 받을 준비가 되어 있고, 치유를 하는 원수 사랑 속에서, 악마는 하늘에 의해 파멸했다고 독선적인 종교 권력과 더불어 그것의 구조와 사고방식의 성화를 폭로하였다. 예수의 수난사로부터 우리는 또한 악마의 무리 속에 비겁하며 늘 "예"라고만 하는 무리가 있음을 배운다.

오늘날 전세계는 중앙집권적인 조작극들을 "배웠던" 아비뇽에서의 바빌론 유수에 앞서 교황권이 오랫동안 로마의 귀족 가문과 다른 권력 집단들의 전리품이 되었다는 사실을 알고 있다. 교회국가의 "패배"에 앞서 최후의 국면으로서 복고주의는 러시아의 짜아르와 오스트리아의 황제 그리고 프로이센의 왕과 "신성동맹"을 맺은 증거로서 그 성화된 형식 속에서 권력 유지를 위한 것이었다. "옥좌와 제단" 사이에 맺은 동맹의 긴 역사는 우리가 오늘날 경험하는 교황 지배의 중앙집권화 없이는 설명될 수가 없는 것이리라!

신학 준비위원회에서 캐나다 루터교의 대감독인 나의 동료 헤르마니욱*Hermaniuk*이 공의회가 주교 단체성을 문제삼아야만 한다고 과감하게 말했을 때, 교황청의 세력있는 성직자들이 보여준 병적이고 깊은 상처를 받은 반응을 나는 생생하게 기억한다. 그때 그가 한 구체적인 제안은 최대한이 아니라 최소한의 방법이었다. 제2차 바티칸 공의회에서 어떠한 문제도 가톨릭 교회의 중앙집권화를 확실하게 철폐하는 것과 분명하게 관련이 있는 주교들의 단체성 문제처럼 그렇게 심하게 더러는 분노에 차서 싸운 적이 없었을 것이다. 역시 그리고 바로 이 문제에 거의 만장일치를 이루기 위해서 공의회의 대다수는 너무도 지나치게 타협할 의사를 보였다.

교회일치와 주교 단체성 문제에 어느 누구보다도 관심을 가졌던 라너Karl Rahner는 공의회 직후에 이와 관련하여 우려를 표명한 바 있다. "주교단의 권위라는 것이 그것을 행사하는 데 교황으로부터 '수시로'frei 저지를 당하게 된다면 실제로는 말에 불과한 허구verbalen Fiktion가 되지 않겠는가? 이 문제는 교황 수위권과 교회의 주교회의의 구조에 대한 교회일치적인 대화에서 결정적이라는 사실이 오래지 않아 해명될 필요가 있다"(Karl Rahner, *Lexikon für Theologie und Kirche*, Ergänzungsband I über das Zweite Vatikanische Konzil, Freiburg 1966, S. 227). 그러나 오늘날 우리에게는 이 문제가 우리 교회의 건강한 내면 정신을 위해서도 결정적이라는 사실이 분명하다. 특히 건강하고 신뢰를 더하는 구조와 법률, 그리고 참된 메시아, 야훼의 종, 자기 기만과 권력의 유혹, 자기 과시에서의 구세주 그리고 더욱이 세상과 교회 속에서의 구세주인 분에 대한 신앙을 기쁘게 선포하는 데 전제가 되는 영적인 분위기가 문제가 된다.

## 3.4 성찬례의 사랑의 공동체와 베드로직

우리는 신성한 동방교회들과 함께하는 성찬례의 밥상 공동체를 교회력 문제와 연관시키려는 로마 주교들의 유혹에 대한 폭로를 다시 한번 상기하게 된다. 신앙교리성은 열망했던 성찬례의 공동체를 위한 결정적인 전제로서 교황과의 완전한 일치 — 오랫동안 완전한 복종으로 이해되었다 — 를 새로이 되풀이하였으며, 교회일치의 성사를 눈에 띄게 강조하였다. **친교**communio 로서의 교회로부터 보는 이 관점이 맞는 것이라면, 신앙교리성의 견해로부터 우선 바티칸 자체에 직접적이고도 피할 수 없는 과제가 생긴다. 일치를 위해 쓸모없고 거추장스런 것들을 모두 가장 빨리 던져버리는 것이다. 그것은 구원하고 치유하는 관계와 구조라는 관점에서도, 확실한 세상의 복음화라는 관점에서, 특히 중요하게는 본래의 베드로직이라는 관점에서 정말로 로마-가톨릭 교회에 도움이 될 것이다.

예수의 명령과 유언에 대한 철저한 신뢰를 의미하는 순수하고도 대담한 교회일치는 다음과 같은 것들을 가장 절박한 문제이며 가장 적절한 때*kairós*가 요구하는 문제들이라고 본다. 2천년대까지도 우세했던 1세기의 주교단, 주교회의의 체제로 단호히 돌아가는 것, 예를 들어 전세계 주교의 임명에 대한 근래의 바티칸의 명백한 포기이다. 〔나는 이것을 가리켜 "바티칸 식의 신중함"이라고 말한다. 왜냐하면 교황 스스로 대략 5천 명에 이르는 주교들을 임명한다는 것은 정말로 허구에 지나지 않는다고 말할 수 있기 때문이다. 이는 가톨릭권圈의 모든 신학교수들을 바티칸이 인가하는 일에도 똑같이 적용된다〕. 그러고 나서 우선적으로 따라오는 것은 그의 후계자들의 선발인들을 모두 친히 선출하여 명명하는 일종의 교황의 세습군주제에 대한 철저한 포기, 곧 교황의 포기(교황처럼 "자포를 걸친 사람들"에 의한 기구와의 종말)이다. 이는 자포를 걸친 사람들을 향한 예수의 언명(마태 11.8 참조)에 대한 무슨 경멸인가. 베드로직을 교회일치적으로 받아들일 만한 것으로 만들고, 또 새로 선출된 이가 세계교회를 통해 분명히 인정을 받는다는 것을 확신할 수 있는 새로운 교황 선출방식, 그 다음으로 급한 문제는 자기 과시욕과 자기 과시로 설명될 수밖에 없는 비복음적인 칭호에 대한 교황과 교황청의 철저한 포기이다.

　　간추려 말하고 싶다. 성찬례를 거행할 우리 고유의 자격에 대한 첫번째 전제들 중의 하나가 양심의 문제이다. 우리 교회와 그리스도교 전체에서 성찬례의 일치를 위한 주요 장애물을 가장 빨리 제거하기 위해서나 그리고 우리 스스로는 정말로 우리의 힘이 미치는 한 모든 것을 해야 하지 않을까? 나는 로마에서 결정적인 직책에 있는 많은 그리스도교인들, 신학자들, 주교들 그리고 성직자들이 이 문제를 전혀 진지하게 제기하지 않았다는 사실을 우려한다. 문제를 제기하는 것만이 중요한 것은 아니다. 우리는 주님으로부터 이 문제를 제기받아야 한다.

## 3.5 그렇다, 역시 달라지고 있었다

요한 바오로 1세는 교황으로서 불과 33일밖에 재위하지 못했다. 그럼에도 이 짧은 시간 동안에 그는 베드로직에서 구원받고 겸손한 인간성을 보여주었다. 라테란 공회당에서 한 그의 첫번째 인사말에서 그는 자신의 진심을 드러내보였다. "나는 당신들을 사랑하며 내가 가진 얼마 안되는 힘, 그리고 나 자신인 이 미약한 힘을 모든 이들에게 봉사하는 데 쓰고자 하는 단 하나의 소망을 가지고 있다고 당신들에게 분명히 말합니다."

　예언자적인 명민함으로 교황은 베드로직을 행함에 예수의 관심사에서 볼 때 무엇이 결정적인가를 감지했다. 솔직하면서도 매력적인 단순함으로 교황은 교황청과 신뢰하는 친구들 앞에서 직무에 대한 자신의 견해를 피력했다. 그는 베드로의 후계자들이 국가의 지배자로 행동하는 것을 도저히 상상할 수 없었으리라. "나는 수백 년 동안 내려온 규범을 단 한 번에 고칠 수 있는 처지에 있지 않다는 것을 너무나 잘 알고 있습니다. 그러나 교회는 권력과 부를 소유해서는 안됩니다. 나는 아버지요, 친구요, 형제가 될 것입니다. 순례자로 선교사로 모든 이에게 다가가는 사람, 평화를 가져오고, 신앙 속에서 형제들에게 힘이 되어주고, 정의를 요구하고, 약한 이들을 지켜주며, 가난한 이들과 박해받는 이들을 껴안아주는 사람 … 나는 주교들의 맏형입니다. 나는 그들을 존경합니다. 나는 그들과 함께 사랑의 공동체를 세워야만 하고 세울 것입니다. **교황과 주교들간의 협력이 활기에 넘치고 효과적이라면 가톨릭 교의에 맞는 시금석이며 품질보증이 될 것입니다.**" 같은 맥락에서 교황 요한 바오로 1세는 주교회의의 훌륭한 의미와 신학자들의 대신하기 어려운 과제에 대해 강조하였다(Camillo Bassotto, "*Il mio cuore è ancora a Venezia*" – Albino Luciani, Venezia 1990, S. 127).

교황 루치아니의 한 우선적 관심사는 교회에서 발생한 상황을 "인간의 생명"을 통해 풀어나가려는 것이었다. 그는 이에 관련된 다음과 같은 발언 때문에 영향력 있는 몇몇 성직자들의 분노를 샀다. "도대체 우리들 독신생활을 하는 사람들이 부부 문제에 대해 뭘 이해한다는 말인가?" 그러나 나는 루치아니 교황이 암살되었다는 가설에 대해서는 아무것도 믿을 수 없다는 사실을 분명히하고 싶다. 교회 권력의 잘못된 성화와 관련된 현혹은 절대로 독이나 비수를 붙잡으려고 하는 악인으로 타락하는 것을 의미하지는 않는다. 틀림없이 이 어진 교황의 마음은 무거웠다. 교황은 이를 그의 임종 전 저녁에 한 친구에게 고통에 가득 차서 말했다.

우리는 바티칸과 "가톨릭 교의의 품질보증"인 주교 단체성으로 이루어진 세계교회 사이에 무엇이 이루어져야 하는지 묻게 된다. 1983년의 새 교회법은 비록 그 이용 범위에 대해서는 알아보지 못할 정도로까지 제한했지만, 주교 단체성이라는 원칙을 분명히 승인했다. 세계적으로 유명한 교회법 학자이며 신학자인 외르시Ladislas Örsy, S.J.는 주목할 만한 저서인 『신학과 교회법』(*Theology and Canon Law*: New Horizons for Legislation and Interpretation, Collegeville, Minesota 1992)에서 이 문제를 근본적으로 다루고 있다. 무엇보다도 그는 교회법의 체계가 그리스도인들의 신앙의 의미에 어떠한 여지가 있는가를 묻는다. 그 대답은 당황스럽게도 실제로 아무런 여지도 없다는 것이다. "새로운 교회법전은 공동체에서 발생하는 일에 새로이 적용하는 것을 공식적으로 인정한다. 그럼에도 실제로는 너무나 많은 제한들 때문에 그렇게 할 수가 없다. … 오늘날 아시아와 아프리카의 신생 교회들jungen Kirche이 초세기 신생교회들처럼 독자적인 생명력이 없다는 것은 놀라운 일이 아니다. 재고는 허용하지 않고 법률의 실행만을 명령한다. 로마의 고유한 의식儀式과 로마 교회의 고유한 법규들이 단지 다른 교회들의 존경 덕분에 효력을 얻을 수 있었다는 사실은 역사의 아이러니이다." 그는 역시 이러한 사실도 교회 일치적 측면에서 지적한다. "로마가 자신의 예산 속에 다른 문화권을 위해서 적은 공간만을 할애했을 뿐이라면, 어떻게 로마로부터 갈라져 나간 교회들이 로마의 제도와 관습을 존경하기를 바랄 수 있을까?"(9-10쪽).

새로운 "가톨릭 교회 교리서"는 주일미사에 불참하는 것이 대죄라는 옛 가르침을 주입시키고 있다. 그럼에도 교리서는 "라틴 의식"(실제로는 전세계권을 포괄한다)에서의 독신제의 결과로 그토록 많은 사제들이 성직에서 물러나거나 때로는 그렇게 많은 사람들이 평신도가 될 정도로 가톨릭 신도들의 대다수가 실질적인 사제 부족 때문에 정규적인, 그야말로 빈번한 미사를 함께 지내는 것이 불가능한 세계 상황을 고려한 문제제기는 하지 않는다. 철저하게 좋은 사제들이 될 수도 있었던 많은 사람들은 단순히 철회할 수 없는 독신의 의무를 지킬 용기가 없었다. 거룩한 많은 남편들은 존재하지 않는 것인가?

# 3.6 교황 요한 24세의
## 사목서한

"한 사람의 꿈은 꿈으로 남는다. 그러나 수백만의 사람들이 똑같은 꿈을 꾸고 그것이 꿈 이상이라면, 세상은 바뀐다." 이 말에 따라 나는 여기에 하나의 꿈을 적어 본다. 이미 수백만의 사람들이 꿈꾸며, 많은 신자들이 꿈꾸고 전력을 다한다는 것을 나는 알고 있다. 내가 다음의 글에서 한 사람의 교황으로부터 그의 귀중한 유산을 다시 철저하게 되짚어보기를 바라는 희망에서 요한 23세의 이름을 부른다면, 그것은 새로운 교황이 나와야만 한다는 뜻은 아니다. 그렇기는 하지만 이미 현재의 교황 밑에서 요한 23세의 근본 관심사가 새롭게 문제제기가 되고 받아들여지고 "요한의" 것으로 가는 길이 하나의 해결책을 마련하는 — 적어도 그 길이 방해를 받지는 않을 것이라는 — 바람을 의미한다. 여기 나의 꿈이며 우리의 꿈이 있다!

## 교황 요한 24세의 사목서한

### 새로운 천년대의 시작 2001년 1월 1일에

친애하는 형제 자매 여러분!

오늘 그리스도교는 3천년을 향하여 순례여행의 첫발을 내디뎠습니다. 그리스도교는 크고 화급한 문제 앞에 서 있습니다. 그럼에도 우리는 역사의 주님께 희망을 걸며 그분의 성령께 우리의 마음을 겸손하게 열어놓으려 합니다.

오늘날 그분의 죽음 앞에서 우리의 신인간神人間이신 창립자의 관심사인 "이 사람들이 모두 하나가 되게"라는 말씀보다도 우리를 더 움직이게 할 수 있는 것이 무엇일까요?

교황 요한 23세와 그리고 그가 소집한 — 처음으로 전세계가 참석했던 — 공의회와 더불어 찬연한 서광이 비치기 시작했습니다. 가톨릭 교회는 교회일치의 시대로 들어섰습니다. 그분의 존경할 만한 후계자 바오로 6세는 자신의 사업을 끈질기게 계속해 갔습니다. 그분은

교황직이 그 역사적인 모습 때문에 그리스도교의 재일
치에 커다란 장애물이 될 수도 있다는 세계교회의 조언
앞에서 자신의 두려움을 표현하는 용기도 가지고 있었
습니다. 또한 그의 공손한 후계자 요한 바오로 1세는
예언자적인 명민함으로 주교들과 교황 사이에서 주교
단체성Kollegialität이 가톨릭 교의의 시금석이자 품질보증
이라고 말했습니다. 당시에 그는 또한 대담한 사고로,
예를 들어 베드로직을 행사하는 데 중요한 것들을 행했
습니다.

그러는 사이에 많은 일들이 일어났고 역시 많은 것
들을 놓쳤습니다. 이제는 지체하지 말고 단호한 조치에
착수할 때입니다. 가장 중요한 발걸음은 우선 교황사를
겸손하고 용기있게 쇄신하는 일입니다. 그런 다음에 역
시 우리가 역사로부터 배우고 하느님의 말씀으로 깨우
침을 받도록 명백한 표징을 정해야 합니다. 우리는 베
드로직에 대해서 예수가 베드로직을 어떻게 이해했으
며, 가장 오래된 전통 속에서 어떻게 표현했는가를 생
각해 내려고 애씁니다.

2천년대는 비극적인 교회분열의 시대입니다. 그 원
인들 중의 하나가 주교들, 특히 로마의 주교들이 세상
의 권력 싸움과 교회의 권위 행사와 권력에 대한 너무

도 지나치게 세속적인 관념의 유혹으로 빠져들어간 것입니다. 그리하여 아주 이해할 수 없는 무지몽매함이 찾아왔습니다. 우리는 전율을 느끼면서 고문, 이단자 그리고 마녀 화형에 대해 생각합니다. 종교재판의 방법들은 교리, 도덕 그리고 교회 법규에 대한 문제에서 좀 더 많은 빛을 추구하려는 건강하고 열려 있는 대화를 방해했습니다. 모든 것에도 불구하고 하느님께서는 로마 교회에 항상 훌륭한 주교들을 보내주셨습니다. 그러나 그들의 신성함과 지혜는 아주 딱딱하게 굳어버린 구조 속에서 충분하게 발휘되지 못했습니다. 교회는 일종의 높은 탑을 쌓으려는 폐쇄적 성향Turm-Mentalität 속에서 자신과 교회의 가르침, 그리고 관습을 스스로 합리화했습니다. 모든 부분, 특히 교황들은 진리 소유에 대한 일종의 독점권을 주장했습니다. 그래서 오랫동안 공동의 추구를 중단하였습니다. 그러나 하느님께서는 그리스도교의 모든 부분에 영의 바람이 불게 하시고, 교회 일치적인 새로운 의식의 수많은 발걸음들, 그리고 대화의 정신, 서로에게 귀를 기울이는 정신을 강하게 하신 데에 찬미를 받으십시오.

설사 아직 극복해야만 하는 과거에 대한 완전한 의식 속에 있다 할지라도 우리는 오늘 시선을 미래로 돌려야 합니다. 이제 나는 직접적인 계획에 속하는 중요한 점들을 열거하고 싶습니다.

1. 옥좌, 왕관 그리고 과장된 호칭들은 병리적인 증상들인데, 나는 로마의 주교들에게 "교황 성하"와 같은 반복음적인 칭호로 부르는 것을 적극적으로 금합니다. 왜냐하면 예수께서 돌아가시기 전에 오로지 거룩하신 하느님을 부르셨기 때문입니다. 우리는 더욱이 교황이 비위맞추기 좋아하는 궁신宮臣들로부터 "Sanctissimus", "Beatissimus"로 불린다는 사실을 부끄러워해야 합니다. "추기경 전하"는 말할 것도 없고 "교황 성하"도 더 이상 존재하지 않을 것입니다. 바티칸에서는 숭고함과 고귀함 같은 것들이 더 이상 화제가 되지 않을 것입니다. 왜냐하면 예수 안에서 겸손하게 자신을 계시하셨던 하느님과 만나는 지점은 우리가 아무것도 아님, 무Nichts를 의식하는 데 있기 때문입니다.

2. 양면적이면서도 다면적인 대화 노력의 놀랄 만한 결과는 우리 쪽에서 될 수 있는 대로 빨리 재고해서 우리가 원했던 바대로 이끌어가야만 합니다. "그리스도교인 일치 촉진 평의회"가 지금부터는 일치사업을 위한 본부인 성성으로 승격되는 것에 대한 상징입니다. 결과의 수용에 대해서는 더 이상 신앙교리성이 결정권이 없

습니다. 일치를 이루기 위해 바로 언급한 성성의 지도
하에 이에 상응하는 구조들을 정해야만 합니다. 그 구
조는 하느님의 온 백성, 무엇보다도 주교들과 주교회의
그리고 신학교수들이 이 중요한 과정에 참여하도록 보
장해야 합니다.

　3. 교황은 주교 단체성을 명시하고 장려하는 명백한
구조를 만들 의무가 있습니다. 그것은 특히 정기적인
간격으로 개최되는 주교 대의원회의Bischofssynode가 자문
기능 이상을 가지고 있음을 의미합니다. 교황은 그 회
의의 결정을 받아들이고 일반적으로 승인하게 됩니다.
논란의 여지가 있는 점들은 끈기있고 열려 있는 대화
속에서 해명됩니다.

　4. 전세계 주교들의 선발, 때로는 인가에 대해서 우
리는 단호하게 첫 1천년의 관습으로 돌아갑니다. 그때
에 우리는 분명히 자매교회인 동방교회의 중단된 관습
으로부터 그리고 종교개혁으로 생겨난 자매교회들의
관습으로부터 많은 것을 배울 수 있습니다. 선출방법은
다음 주교회의에서 결정될 것이지만, 로마의 주교는 그
의 교회일치적인 과제에 걸맞게 주교회의의 대표들 중
에서 선발됩니다. 그와 똑같이 외교단의 완전히 새로운
질서도 될 수 있는 대로 빨리 주교 대의원회의가 착수

해야만 합니다. 국가 권력 구조를 상기시키기 때문에 정말로 그 이름만은 받아들일 수 없습니다.

5. 제1차와 제2차 바티칸 공의회 문서에 대한 주의 깊은 해석을 통하여 하느님의 말씀과 전통의 빛에서 로마 주교의 최고의 교도권 행사가 온 교회 속으로 완전히 들어왔다는 사실이 충분히 증명되었습니다. 말하자면 그는 위와 밖으로부터 온 교사가 아니라 특별한 방법으로 교회일치적 차원과 기관을 가진 연구 모임 속으로 편입된 것입니다. 그는 겸손하며 비폭력적인 야훼의 종, 그리고 아버지께서 확증하신 사람의 아들에 대한 믿음을 그의 모범과 일종의 권위 행사를 통해 강화하고 관여하며 온 교회의 신앙이라는 주제를 다루어야 할 임무를 받았습니다. 그는 가르치는 교회와 마찬가지로 배우고 듣는 교회에도 속합니다. 곧, 그는 다른 모든 사람들과 함께 특히 하느님의 말씀을 들어야 하며 시대의 징표를 고려하고 그것을 해명하려고 해야 합니다.

그는 교회에서 정말로 신앙의 의미와 양심의 자유로부터 무엇을 믿게 되는가를 체험해야 합니다. 그는 교리서한에 대한 수용이나 뜻밖의 거부에 대해서 주의해야 합니다. 온 교회에 성실한 대화를 위한 실제적인 자유공간이 존재하지 않는다면, 로마의 주교는 이 과제를 동료들과 함께 주교직에서 공동의 작업으로 성과있게 확신을 가지고 완수할 수 없을 것입니다.

나는 나의 동료 주교들의 의견을 확신하기 때문에, 오류가 없지 않은 교황의 가르침에 반해서 다른 의견을 표명하는 것을 제재로 간주하는 교회법의 규정(CIC. c. 1371. §1)을 무효화합니다. 우리의 세례 선서와 우리의 신앙에 대한 공동고백을 제외하고는 지금부터 교황에 대한 어떠한 충성의 맹세도 존재하지 않습니다. "너희는 그저 '예' 할 것은 '예' 하고 '아니오' 할 것은 '아니오'라고만 하여라. 그 이상의 말은 악에서 나오는 것이다"(마태 5,37).

6. 이제 교회에서의 여성의 역할과 경우에 따라서는 여성 사제서품과 같은 일찍이 드러난 화급한 문제들에 대해 어떤 금기도 있을 수 없습니다. 그 문제들은 결정을 내릴 시기가 될 때까지, 교회 내 대화를 통해 그리고 교회일치적인 연구 모임에서 해명해야 합니다. 교황은 이를 혼자 독주하는 것이 아니라 전체 주교들의 협력을 통해 행합니다.

7. 교회는 세상의 빛이며 소금이 되어야 합니다. 교회는 일종의 구원과 치유의 성사, 자유와 포괄적인 정의의 성사가 되어야 하고, 될 것입니다. 그런 까닭에

우리는 온 인류 가족과 온 민족과 문화, 특히 동양의 위대한 세계종교들과 깊이 연대하여 우리의 길로 나아 갑니다.

모든 이들과의 일치 속에서 우리는 배우고 깨어 있고 그리고 기도할 것입니다. 그리고 우리는 복음적인 비폭력 정신에서 평화와 평화를 위한 작업, 그리고 원수 사랑과 정의, 창조의 보존과 같이 복음서가 우리에게 제시한 화급한 문제들을 위해 공동으로 노력할 것입니다.

내가 여러분들을 우리 아버지이신 하느님과 우리 주님이신 예수 그리스도의 은총과 사랑에 맡기듯이 나도 나 자신과 교회에서의 나의 직무를 여러분의 기도에 맡깁니다.

그리스도 안에서 여러분의 형제인 요한 24세

추기:

이탈리아에서 다년간 비오 12세의 대변인이자 동시에 존경하는 친구는 교황과 바티칸의 영향력있는 성직자들에게 끈질긴 고집으로, 때로는 집요하게 파고드는 참여의식으로 바티칸의 근본적인 쇄신과 거기에서부터 온 교회의 쇄신을 위해 전력투구하였다. 그러고 나서 가혹한 실패가 그를 크게 좌절하게 만들었다. 그는 가장 좋기로는 더 이상 교회에 대해 말하지 않고, 하느님 나라 그리고 그와 더불어 "더 나은 세상"의 전세계적인 도래에 대해 선포하려고 하였다.

분명히, 우리는 교황직이 한때 지나가는 것이며 하느님 나라의 도래에 대해서 확고하게 믿을 수 있으며, 진리와 사랑과 정의와 평화의 나라를 선포하고 증언할 수 있다. 교회 역시 자격없는 교황들과 더욱이 도대체 누가 자격있는 교황인가를 결정하는 일이 매우 어려웠던 교황 없는 시기나 그와 비슷한 때를 극복할 수 있었다. 그럼에도 불구하고 그와 동시에 온 교회와 하느님 나라의 도래를 선포하고 증언하라는 교회의 사명은 매우 어려움을 겪었다. 가장 고통스러운 괴로움 중의 하나가 그리스도교의 분열이다.

우리의 교회 비판과 특별히 수백만 명의 꿈꾸고 열망하는 사람들에 의한 사목서한은 복음의 정신에서, 그리고 그리스도교의 일치를 위하여 교회를 향한 약해지지 않는 사랑의 표현이며, 또한 베드로직의 정신과 의미에 대한 퇴색하지 않는 확신이다. 기도합시다!

# 4

인간적이고 구원받은 교회

최후의 만찬과 예수의 위대한 고별사(요한 17장)를 기념하며 사는 교회는 자신의 전 형상을 통해 자신의 신앙과 삶을 고백하며 모든 사람들에게 선포하는 속에서 숭고한 소명을 찾는다. "우리 구세주 하느님께서 당신의 인자와 사랑을 나타내셔서서 우리를 구원하셨습니다"(디도 3,4).

우리에게는 언제나 "나를 보았으면 곧 아버지를 본 것이다"(요한 14,9)라고 말씀하셨던 "사람의 아들"을 선포하는 교회가 문제가 된다. 오늘날과 같이 평화가 없는 세상에서 아버지로부터 확증을 받은 메시아, 비폭력적이며 아버지의 원수 사랑을 명백히 보여준 야훼의 종을 증언하는 일이 더욱 중요하기 때문이다. 게다가 그분은 곧바로 우리에게 아버지로부터 위로자이며 대리자이며 격려하는 분인 성령을 보내주셨다.

　온 교회 — 우리 모두 — 는 그리스도 주위에 모인 여자와 남자 제자들로서 하느님의 자비와 박애를 믿고 그리고 이 신앙으로부터 모든 사람들이 살아가고 또 더불어 살아가도록 구원받고 구원하며 해방하는 인간성이 무엇인가를 세상에 보여주어야만 하고 보여줄 것이다.

# 4.1 참된 성찬례의 교회

성육신, 최후 만찬을 가졌던 방, 예수의 죽음과 부활에 대한 감사하는 기억으로 살고 있는 교회는 자신을 가령 모든 것이 그때그때 지배권을 가진 교황에 따라 생각하고 말하고 행해야 하는 "교황의 교회"로 정의를 내리지 않는다. 교회는 무엇보다도 그리고 근본적으로 성찬례의 교회이든가 전혀 그렇지 않든가이다. 성찬례를 거행하는 교회에서는 교사·창립자·관리자이든, 사제·주교·교황이든 그 누구도 기쁨을 주는 진리를 은폐할 수 없다. "우리의 스승은 한 분이신 그리스도이다." 우리 모두의 시선이 아버지와 그분의 자비 그리고 인간 사랑을 보여주시는 그리스도에게로 향하는 한 우리는 교회이다. 우리의 좀더 특별한 봉사도, 너무나 중요하게 생각되는 "나"도 우리 가운데 그리스도가 계시다는 인식으로부터 우리를 돌려놓지는 못한다. 브라질의 신자들이 성찬례 주례자의 "주님께서 여러분과 함께"라는 인사말에 "그분은 우리 가운데 계십니다"라고 대답할 때, 이는 얼마나 의미심장한가!

그리스도로부터 힘을 받은 교회는 성찬례의 공동체가 있는 그곳에 있으며, 거기서 성찬례를 통해 사람의 아들, 겸손하며, 고난받을 준비가 되어 있는, 원수 사랑을 위해 봉사하는 그리스도에 대한 기억을 생생하게 지켜간다. 성찬례가 낯설게 이해되지 않는 형식과 전례 법규로, 이국적이거나 위로부터 명령을 전달하는 지도자에 의해 오랫동안 애정 없이 거행되는 곳에서, 교회는 현재 본래의 가시성을 드러내지 못한다. 성찬례가 엄격한 독신제 때문에 드물게 혹은 전혀 거행되지 못하는 곳에서, 베드로는 최악의 결핍의 공동원인으로서 단지 거짓으로 존재할 뿐이다.

성찬례는 특히 "기억"memoria, 엄청난 구원사건에 대한 고마운 기억을 지키고 키워나가는 것이며, 여기와 현재에 대한 주의깊음, 미래를 향한 기쁘고 희망에 가득 찬 발걸음 그리고 인류의 종말의 완성에 대한 동경에 가득 찬 기대이다.

화해의 성사와 성찬례 거행 안에서의 우리의 죄성과 약함과 거부에 대한 겸손하고 책임감있는 고백은 근본적으로 기쁨의 찬송이며 감사하는 기억을 지키고 키워나가는 것이며 그 기억의 힘으로 서로를 용서하고 서로의 짐을 지는 것이 우리에게 비교적 가벼워진다.

성찬례는 예수의 어머니 마리아처럼 스승의 말씀을 듣고 우리의 마음에 깊이 받아들이고, 우리를 말씀에 가까워지도록 여남은 제자들을 그분의 주위에 결합시킨다. 성찬례는 가장 위대한 선물을, 복음의 말씀을, 그리고 성찬례의 예수의 살과 피를 대하고 구원받는 체험이며, 그래서 우리 자신과 우리가 소유한 모든 것을 아버지가 주신 것, 선물로서 체험하게 되는 감사의 근본적인 태도이며 그에 따라 서로의 부분, 곤란과 궁핍에 대한 준비를 한다.

성찬례는 우리 주님의 현존에 대한 효과적인 표징이며 정말로 서로간에 참여하게 하는 은총의 초대이다. 스코틀랜드 교회(장로교 칼빈파 계통)의 지도적인 남녀 신자들과의 의식의 날Besinnungstag이 지난 후에, 그들 모두는 각자에게 성찬례가 무엇을 의미하는지에 대해 말했으며, 저녁에는 지도적인 신학자인 버클레이William Barclay가 일어나서 다음과 같은 신앙고백을 하였다. "예수님은 단지 십자가에 매달려 계시지 않았습니다. 그분은 아버지 앞에 그리고 모든 인간들을 위해 살아 현존하셨습니다. 아버지와 아들 사이에 사랑을 주는 거룩한 숨ATEM의 능력 안에서 선물로 현존하셨습니다. 이와 비슷하게 예수님은 성찬례에서도 그냥 그대로 계시지 않습니다. 그분은 십자가에서와 마찬가지로 똑같은 거룩한 숨의 능력 안에서 완전히 현존하시며, 완전히 주시는 사랑이십니다. 그리고 그분은 우리에게 당신의 사랑의 숨Liebes-ATEM을 주시며, 우리 역시 단순히 존재하는 것이 아니라 완전히 현존하며 헌신하게 되며 그분 안에서 하나가 됩니다. 나는 이것을 믿으며 이 신앙이 우리를 하나로 이끌기를 바랍니다." 스코틀랜드 교회 지도자를 포함한 모든 참석자들은 자발적으로 아멘을 외쳤다.

이들 그리스도인들이 성찬례를 거행할 자격이 있는가? 누군가 그렇게 묻는다면, 우선 그 자신부터 얼마나 성찬례를 거행할 자격이 있는가 하고 자신에게 질문을 던져야만 할 것이다.

## 4.2 비폭력을 통한,
## 비폭력을 위한 치유

성찬례의 교회는 비폭력적인 원수 사랑의 증언과 힘, 진리를 특징으로 한다. 성찬례의 거행이 구세의 비밀에서 얼마나 핵심적인가를 우리는 늘 상기해야 할 것이다. 이 진리가 묵살되고 성찬례 거행으로부터, 교회의 사제직으로부터 비폭력적인 사람의 아들 — 하느님의 아들을 따르라는 아무런 격려도 받지 못한다면, 이는 우려할 만한 일이다.

기쁘게 그리고 삶과 밀접하게 거행되는 성찬례와 철저히 성찬례적인 교회로부터 은총과 진심어린 용서와 비폭력으로 갈등을 해결하고 비폭력적인 문화에 완전하게 참여하라는 사명이 흘러나온다. 우리는 올바른 성찬례 거행에서 우리의 투신을 우선은 은총으로 그 다음에는 우리를 재촉하는 절박한 임무로서 체험한다.

부차적인 것들에 대한 소란스러운 명령의 외침과 일방적인 권위에 근거를 둔 금령·형식주의·통제에 대한 강조가 이 차원을 은폐하거나 없애버린다면, 그것은 정말 울어야만 할 일이다. 비폭력이 가진 구원의 능력과 마찬가지로 구원과 치유의 상관성에 대한 깊은 이해는 그러한 해악을 예방할 수 있다.

# 4.3 참된 형제 자매인 교회

성화된 자기 기만, 남성 지배와 폭력을 향하는 경향은 오랫동안 문화사적으로 서로 연관성이 있다. 그에 반해 남성이 하느님의 창조계획에 따라서 여성을 선물로서 받아들이고 남성과 여성 양자가 그들의 파트너적인 모상 속에서 하느님의 양성(부성-모성)적 사랑이 되어야 할 고귀한 소명에 대해서 이해한다면, 참된 성찬례적 교회상의 역동성 속으로 들어가게 된다.

또한 이 점을 고려할 때 교회 안의 여성의 지위에 대해, 그와 동시에 거룩한 부인들과 거룩한 결혼생활을 하는 거룩한 남편들보다 오히려 품위가 없는 독신자들이 성찬례에 봉사하도록 정해진 현행의 독신제에 대해서도 새롭게 숙고할 수 있다. 하늘나라를 위해 자발적으로 확실하게 살아가는 독신생활은 그 가치를 문제삼을 필요도 없다. 남성과 여성의 동등권에 대한 오해에서 나오며, 대부분은 아니지만 많은 공동체로부터 정규적이고 토착화된 성찬례 거행을 박탈하는 독신제의 경직성은, 예수께서 결혼하지 않은 바울로와 같이 결혼한 베드로도 사도로 부르셨다는 것을 기억하는 것만으로도 깨어져야 한다.

왜 아프리카의 헌신적인 수천 명의 교리교사들 — 종종 공동체의 탁월한 공동체의 지도자들인 — 에게 단지 매우 성스럽고 헌신적인 부인들이 있기 때문에 그들 공동체와 성찬례를 거행해서는 안되는가? 그들은 청빈의 정신을 모범적으로 살아간다.

나는 여성의 사제직 서품의 가능성에 대한 문제는 여기에서 제외하겠다. 그 문제는 적당한 때에 해결될 것이다. 그러나 여성에게 해당되는 모든 문제와 그리고 거기에 관련된 모든 결정을 내리는 데 교회에서 여성의 목소리가 참작되어야만 하느냐는 또 우리가 진정으로 구원받고 인간적인 교회를 원한다면 다른 질문을 더 이상 미룰 수 없다. 여기에 처리해야만 하는 무거운 유산의 짐이 있다. 이 문제를 겸손하게 그리고 용기있게 해결하고자 하는 완전한 각오는 성찬례를 거행할 자격, 또한 베드로직이 행해야만 하는 사고를 전환할 각오에 속하는 것이 아닌가?

## 4.4 "너희의 아버지께서 자비로우신 것같이
너희도 자비로운 사람이 되어라"

산상설교와 평지설교(루가 6,36)의 정점에는 다음과 같은 말씀이 나온다. "동정심을 가져라, 자비로워져라." 마태오 5,48에 나오는 이 표현의 좋은 해석은 "하늘에 계신 아버지께서 완전하신 것같이 너희도 완전한 사람이 되어라". 은총과 위탁의 똑같은 사신을 담고 있는 두 표현은 모두 사람의 아들, 야훼의 종-메시아에게서 우리에게 가시적이고 구체적이 된 하느님 아버지의 원수 사랑과 결합되어 있다.

세속적인 최고 사령관이나 최고 감독관의 사고방식에서가 아니라 하느님이 주시는 사랑으로 숨쉬고 살아가는 교회는 자비로운 교회이다. 그 교회는 예수처럼 나병환자들과 저주받고 소외당한 사람들에게 다가간다. 가톨릭 교회는 내 생각에 특별히 요즈음 성찬례적으로 강하게 특징지어진 정교회인 동방교회로부터 이혼한 사람들과 재혼한 사람들을 심판하기보다는 치유하는 쪽으로 배려하기를 배우는 과정에 있는 것 같다.

바티칸의 교도권(신앙교리성)에 쉽게 충성의 맹세를 권하는 교회 남성 성직자들은 산상설교의 "그러나 나는 이렇게 말한다. 아예 맹세를 하지 말라. … 너희는 그저 '예' 할 것은 '예' 하고 '아니오' 할 것은 '아니오'라고만 하여라. 그 이상의 말은 악에서 나오는 것이다"(마태 5,34-37)라는 말씀을 읽어도 마음에 아무런 거리낌이 없다. 오히려 그들 남성 성직자들의 모든 주의력은 사소한 것들 때문에 부인들과 헤어지고 자신들의 엄격주의에 가장 잘 들어맞게 해석을 선별하는 남성들의 가혹한 가부장적 태도에 도전하고 있는 앞서의 구절에 정체되어 있다. 그들이 전적으로 산상설교의 핵심 계명과 성찬례의 핵심적인 훈계에 감화를 받았더라면, 그들은 오히려 동방교회 쪽에서 이미 받아들여졌고 오늘날 대부분의 가톨릭 주석가들이 주저함없이 주장하는 해석을 받아들이려고 할 것이다. 즉, "음행한 경우를 제외하고 아내를 버리면, 이것은 그 여자를 간음하게 하는 것이다"(마태 5,32).

성찬례 공동체의 체험을 통해서만 규칙적으로 유지되는 성찬례의 진정한 경건성이 그들의 정통 논리가 명령을 하는 지위자의 관점에 사로잡혀 있는 교회 남성 성직자들의 사고보다 인간애적인 사목으로 접근하기가 더 쉽다는 사실을 나는 확신한다. 사목 실습에서 자비심은 예수의 모범에 따라 하느님의 치유하는 사랑의 표징이 되려는 교회의 이해로부터 흘러나온다. "나는 이 세상을 단죄하러 온 것이 아니라 구원하러 왔다"(요한 12,47). 삶과 밀접한 성찬례 거행을 통하여 우리는 온전히 자비롭고 용서하며 구원하는 사랑을 통하여 살고 있다는 사실을 알게 된다. 그러고 나서 우리는 이 체험으로부터 다른 사람들에게 그렇게 행하라는 우리의 사명을 이해한다.

## 4.5 구원체험, 구원선포 그리고
## 구원의 종합

영적으로 건강하며 빛을 발하는 인간들은 어떻게든 그리고 언젠가든 최고의 체험을 한다. 그 속에서 모든 것을 은총과 선물로 체험하게 되고 이 체험을 감사하는 기억 속에서 보존하고 지켜간다면, 찬미의 성찬례와 기쁨의 구원선포에 깊이 접근할 수 있는 길을 찾을 수 있을 것이다. 비정하고 심판적인 도덕주의에서는 이러한 구원과 치유의 체험이 파멸한다. 그리스도 안에서 우리에게 은총으로 계시된 하느님의 형상을 도덕주의나 엄격주의를 통해 은폐하지 않는 것이 우리의 특별한 관심사가 되어야만 할 것이다. 즐거운 축제와 구원의 비밀에 대한 기쁜 선포가 병든 자를 치유하고, 눈먼 자(와 눈먼 심판관)를 보게 하고 마비된 자를 일으켜 세우는 그리스도의 사명과 합쳐지는 삶에 충만한 통합은 가장 좋은 윤리신학과 사목의 관심사이다.

전체로서의 윤리신학과 부단한 규범 심사와 그리고 그 규범을 증명하는 작업도 문제에 따라서 치유해야

하고 그리고 주요 판단 기준으로서의 치유하는 관계들에 여지껏보다도 훨씬 더 많은 관심을 기울여야 한다. 그리고 모든 것은 단지 세상의 구세주이신 예수의 관점에서만 일어날 수 있다. 쓸데없는 짐들은 사라져야 한다. 병들게 하는 종교사상(이데올로기)과 그에 상응하는 구조들을 폭로해야 하고 극복해야 한다. 이 모든 것은 성찬례의 관점과 중심에서부터 일어날 때, 가장 좋은 전망을 가지게 된다. 우리는 병들게 하는 종교, 예수께서 폭로하셨던 그 종교와 구원하는 신앙 사이를 날카롭게 구분하는 법을 배워야 한다. 하느님은 사랑이시다. 하느님은 당신 사랑을 함께 완성하고 함께 기리도록 우리를 창조하시고 구원하셨다. 이러한 사랑에 충만한 삶이 진실한 신앙의 삶이다.

# 분 도 소 책
## 시리즈